Introdução aos fenômenos de transporte: características e dinâmica dos fluidos

EDITORA intersaberes

O selo DIALÓGICA da Editora InterSaberes faz referência às publicações que privilegiam uma linguagem na qual o autor dialoga com o leitor por meio de recursos textuais e visuais, o que torna o conteúdo muito mais dinâmico. São livros que criam um ambiente de interação com o leitor – seu universo cultural, social e de elaboração de conhecimentos –, possibilitando um real processo de interlocução para que a comunicação se efetive.

Introdução aos fenômenos de transporte: características e dinâmica dos fluidos

Armando Heilmann

EDITORA intersaberes

Rua Clara Vendramim, 58 . Mossunguê
CEP 81200-170 . Curitiba . PR . Brasil
Fone: (41) 2106-4170
www.intersaberes.com.br
editora@editoraintersaberes.com.br

Conselho editorial
Dr. Ivo José Both (presidente)
Dr.ª Elena Godoy
Dr. Nelson Luís Dias
Dr. Neri dos Santos
Dr. Ulf Gregor Baranow

Editora-chefe
Lindsay Azambuja

Supervisora editorial
Ariadne Nunes Wenger

Analista editorial
Ariel Martins

Capa
Sílvio Gabriel Spannenberg (*design*)
Andrey_Kuzmin e Willyam Bradberry/Shutterstock (imagens)

Projeto gráfico original
Bruno Palma e Silva

Adaptação do projeto gráfico
Sílvio Gabriel Spannenberg

Diagramação
Alfredo Netto

Dados Internacionais de Catalogação na Publicação (CIP)
(Câmara Brasileira do Livro, SP, Brasil)

Heilmann, Armando
 Introdução aos fenômenos de transporte: características e dinâmica dos fluidos/Armando Heilmann. Curitiba: InterSaberes, 2017. (Série Administração da Produção)

 Bibliografia.
 ISBN 978-85-5972-476-9

 1. Engenharia de produção 2. Engenharia de transportes 3. Engenharia física I. Título. II. Série.

17-06346   CDD-629.04

Índices para catálogo sistemático:
1. Engenharia de transportes   629.04

Foi feito o depósito legal.

1ª edição, 2017.

Informamos que é de inteira responsabilidade do autor a emissão de conceitos.

Nenhuma parte desta publicação poderá ser reproduzida por qualquer meio ou forma sem a prévia autorização da Editora InterSaberes.

A violação dos direitos autorais é crime estabelecido na Lei n. 9.610/1998 e punido pelo art. 184 do Código Penal.

sumário

prefácio 9
apresentação 11
como aproveitar ao máximo este livro 13

capítulo 1
Conceitos básicos de fenômenos de transportes 19
Conceitos básicos 20
Desenvolvimento histórico 21
Dimensões fundamentais e notação científica 24

capítulo 2
Conceitos fundamentais da teoria de transporte de fluidos 33
Hipótese do contínuo 34
Escoamento uni, bi e tridimensional 34
Escoamentos interno e externo 36
Volume de controle 38
Sistema de controle 39
Linha de corrente 40
Escoamentos laminar e turbulento 41

Número de Reynolds 43
Viscosidade 44
Compressibilidade e incompressibilidade 45

capítulo 3
Equações básicas dos fluidos 59
Propriedades dos fluidos 60
Equação da hidrostática 65
Carga de pressão 68
Atmosfera padrão 69
Manometria 72
Empuxo 75

capítulo 4
Análise dos parâmetros de transporte dos fluidos 89
Leis básicas 90
Equação da continuidade 91
Defletores estáticos e cinemáticos 93
Equação geral dos defletores 95
Defletores estáticos 96
Defletores dinâmicos 97
Equação de Bernoulli 98
Equação energética de Bernoulli 102
Equação energética de Bernoulli com base na termodinâmica 105
Carga manométrica (hB) 107
Potência entregue ao fluido 108
Perda de carga 109
Equação de Darcy-Weisbach 111
Escoamento totalmente desenvolvido 117
Equações de Hagen-Poiseuille 118

capítulo 5
Condições de contorno e dos coeficientes de transferência   129

    Diagrama de Moody-Rouse   130

    Definição das equações   131

    Equações de Swamee & Jain   133

    Transferência de calor   135

    Lei Geral da Condução (Lei de Fourier)   139

    Transferência de calor em série   141

    Transferência de calor em paralelo   143

    Conceitos teóricos da Lei de Resfriamento de Newton   144

    Lei de Stefan-Boltzmann   145

para concluir…   161

referências   165

respostas   169

sobre o autor   179

anexo   181

prefácio

Os fenômenos de transporte estão presentes em diversas aplicações nas engenharias e na física, sendo seu estudo parte integrante do núcleo básico de formação em qualquer curso de ciências exatas e tecnológicas. Tendo isso em vista, este livro aborda os princípios fundamentais dos fenômenos de transporte, apresentando exemplos contextualizados na forma de exercícios resolvidos. Essa prática possibilita uma boa compreensão da teoria.

O material introdutório traz uma abordagem histórica, seguida de uma explicação básica dos conceitos fundamentais de fluidos. A partir do Capítulo 3, o livro apresenta as equações que dão suporte ao entendimento dos parâmetros que regem o comportamento dos fluidos e discute os princípios da transferência de calor.

No decorrer da exposição, ilustrações são utilizadas para ampliar o processo de correlação entre a teoria e o mundo real. O texto contém um detalhamento matemático suficiente para que o leitor possa, sem muita dificuldade, proceder à resolução dos exercícios, apropriadamente disponibilizados no final de cada capítulo. As principais equações são demonstradas com base em princípios fundamentais, de forma clara e sucinta, o que fortalece a análise dos parâmetros envolvidos.

Em todo o livro, pressupõe-se o uso do sistema métrico internacional de unidades. No final, alguns exemplos simples da teoria dos fenômenos de transporte de fluidos são expostos por rotinas escritas em Matlab, que permitem refletir sobre a possibilidade de transportar o conteúdo teórico para uma linguagem de computação.

Armando Heilmann é físico e professor da Universidade Federal do Paraná (UFPR), com mestrado em Ciências Atmosféricas pelo Instituto de Astronomia, Geofísica e Ciências Atmosféricas (IAG) da Universidade de São Paulo (USP) e doutorado em Ciências Geodésicas pela UFPR. Essa bagagem teórica e sua atuação como professor da disciplina de Fenômenos de Transporte o credenciam a desenvolver um livro para o ensino dessa temática. De maneira geral, a obra apresenta uma introdução aos princípios teóricos e matemáticos do transporte de fluidos de modo bastante didático, podendo ser indicada para cursos semestrais ou modulares.

Dr. César Augusto Dartora
Departamento de Engenharia Elétrica da
Universidade Federal do Paraná (UFPR)

apresentação

Para melhorar os processos de desenvolvimento de tecnologias e fazê-los avançar, é necessário conhecer e, acima de tudo, interpretar, com base nas análises detalhadas, muitos fenômenos naturais, que no cotidiano são explicados pelo ponto de vista das ciências exatas.

A variação de temperatura em um corpo, a formação de um furacão no oceano, o funcionamento do aparelho de ar condicionado e aquecimento, os canais por onde um rio traça seu caminho, todos esses exemplos podem ser explicados por meio de uma teoria própria – que considere experiências do dia a dia – associada ao uso de modelos matemáticos capazes de informar, de maneira objetiva, como tais fenômenos são possíveis.

Para além dos fenômenos envolvidos nos processos citados, importa estudar como eles ocorrem em um período de tempo ou ao longo de um corpo (como a transferência de calor em uma barra de ferro). Basicamente, nesses casos, considera-se a necessidade de incluir um "transporte" – transporte de calor, de massa ou de energia. Quando falamos de um fenômeno que requer uma forma de transporte para continuar ocorrendo, estamos nos referindo aos **fenômenos de transporte**.

Tendo em vista a importância dessa maravilhosa teoria, que é muito usada e considerada em projetos e no desenvolvimento de sistemas mais complexos, esta obra tem o objetivo de esclarecer a correlação entre as formas de energia e seu transporte, bem como a dinâmica de movimento de diversos fluidos (como o petróleo que escoa pela tubulação de uma plataforma).

Esta obra destina-se não somente a alunos de cursos de graduação ou pós-graduação, mas a todos os profissionais que queiram ampliar seus conhecimentos sobre os processos que envolvem a transferência de energia e massa e o movimento de fluidos.

O desenvolvimento da teoria que descreve a mecânica dos fluidos aconteceu ao longo da história e, atualmente, contempla um conjunto de leis que regem de forma exclusiva o comportamento dos fluidos, que podem ser gasosos ou líquidos. Para os propósitos desta obra, trataremos apenas dos fluidos no estado líquido.

Os tópicos selecionados buscam esclarecer a teoria de fenômenos de transporte com base no contexto de alguns fenômenos conhecidos, como o da água que se desloca dentro de uma mangueira. Enfatizamos que a teoria descrita considera a definição de um fluido no estado líquido, pois a condição de fluidos no estado gasoso merece uma explicação teórica mais detalhada.

O primeiro capítulo introduz os fenômenos em questão associados ao processo de transporte de energia, massa e movimento. O segundo capítulo enfoca os conceitos básicos dos fenômenos de transporte, além de informações imprescindíveis para o bom desenvolvimento das teorias envolvidas. No terceiro capítulo, são apresentadas algumas equações básicas dos fenômenos de transporte, bem como uma descrição dos processos de escoamento de fluidos. Na sequência, os dois últimos capítulos trazem uma análise dos parâmetros de transporte, das condições de contorno e dos coeficientes de transferência presentes no escoamento.

No início de cada capítulo, há um estudo de caso – aplicado aos fenômenos da natureza – para deixá-lo inteirado, leitor, dos propósitos de cada assunto; já no final, disponibilizamos um resumo, uma síntese das informações tratadas e um conjunto de questões que facilitam a compreensão e a fixação do conteúdo. Como fechamento dos capítulos, propomos algumas questões para revisão do conteúdo e as indicações que constam na seção "Para saber mais", que visa incentivá-lo a buscar argumentações e explicações para determinados fenômenos que envolvem os conceitos de transporte de fluidos.

Feita essa breve apresentação sobre o transporte de fluidos, esperamos que você inicie seus estudos com um novo olhar sobre o assunto, certos de que, ao final da leitura, os fenômenos de transporte parecerão muito mais simples de serem compreendidos.

como aproveitar ao máximo este livro

Este livro traz alguns recursos que visam enriquecer seu aprendizado, facilitar a compreensão dos conteúdos e tornar a leitura mais dinâmica. São ferramentas projetadas de acordo com a natureza dos temas que vamos examinar. Veja a seguir como esses recursos se encontram distribuídos no decorrer desta obra.

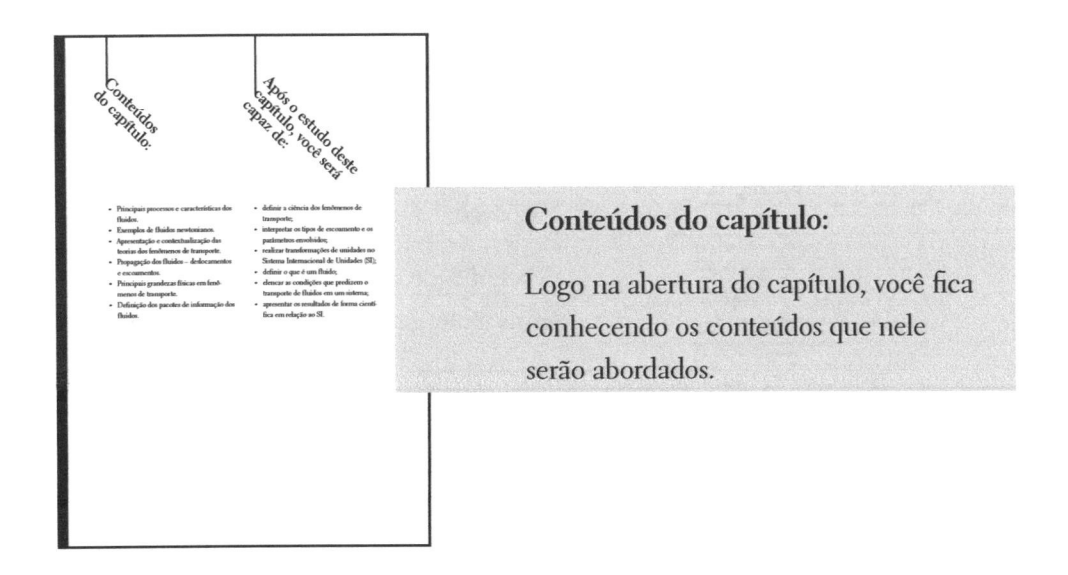

Conteúdos do capítulo:

Logo na abertura do capítulo, você fica conhecendo os conteúdos que nele serão abordados.

Após o estudo deste capítulo, você será capaz de:

Você também é informado a respeito das competências que irá desenvolver e dos conhecimentos que irá adquirir com o estudo do capítulo.

Estudos de caso

Esta seção traz ao seu conhecimento situações que vão aproximar os conteúdos estudados de sua prática profissional.

Síntese

Você dispõe, ao final do capítulo, de uma síntese que traz os principais conceitos nele abordados.

Questões para revisão

Com estas atividades, você tem a possibilidade de rever os principais conceitos analisados. Ao final do livro, o autor disponibiliza as respostas às questões, a fim de que você possa verificar como está sua aprendizagem.

Para saber mais

Você pode consultar as obras indicadas nesta seção para aprofundar sua aprendizagem.

Curiosidades

No final do capítulo, você encontra textos que apresentam curiosidades sobre alguns dos assuntos abordados.

capítulo

1

Conteúdos do capítulo:

- Principais processos e características dos fluidos.
- Exemplos de fluidos newtonianos.
- Apresentação e contextualização das teorias dos fenômenos de transporte.
- Propagação dos fluidos – deslocamentos e escoamentos.
- Principais grandezas físicas em fenômenos de transporte.
- Definição dos pacotes de informação dos fluidos.

Após o estudo deste capítulo, você será capaz de:

- definir a ciência dos fenômenos de transporte;
- interpretar os tipos de escoamento e os parâmetros envolvidos;
- realizar transformações de unidades no Sistema Internacional de Unidades (SI);
- definir o que é um fluido;
- elencar as condições que predizem o transporte de fluidos em um sistema;
- apresentar os resultados de forma científica em relação ao SI.

Conceitos básicos de fenômenos de transportes

Neste capítulo, examinaremos os principais processos e características dos fluidos e também alguns exemplos de fluidos newtonianos. Do ponto de vista histórico, abordaremos informações essenciais para a compreensão e contextualização das teorias dos fenômenos de transporte. Nos processos de propagação dos fluidos, seja de deslocamento, seja de escoamento, todas as grandezas físicas são relevantes, por isso apresentaremos quais são elas e definiremos conceitualmente o que chamamos aqui de *pacote de informação dos fluidos*. Esses pacotes carregam as características básicas dos fluidos e são passíveis de alterações em uma ou mais grandezas, dependendo do tipo de escoamento – que pode ser laminar ou turbulento. Ao final, mostraremos como os fluidos, gases ou líquidos, escoam quando são submetidos a tensões cisalhantes.

Fenômenos da natureza para um estudo de caso

O tipo de escoamento de um fluido diz muito sobre ele. Sob quais condições um fluido qualquer, como o petróleo, tende a escoar mais lentamente do que a água? Será que a massa de um fluido interfere no comportamento do escoamento?
E quanto à forma geométrica do sistema que contém o fluido, será que apresenta alguma relação quanto à definição do que seja verdadeiramente um fluido?

1.1
Conceitos básicos

A área de fenômenos de transporte pertence à área da mecânica dos fluidos, que se preocupa com a análise de líquidos e gases em condições estáticas ou dinâmicas (ou seja, parados ou em movimento). A dimensão envolvida nessas análises depende do sistema que se quer estudar – por exemplo, pode-se considerar como objeto de análise tanto o sangue correndo pelas artérias quanto o escoamento do petróleo de uma região para outra por uma tubulação ou duto.

De forma geral, as teorias propostas para explicar esses e outros fenômenos que vamos examinar aqui servem para responder a algumas perguntas relevantes, como:

1. Por que o aerofólio de um carro de Fórmula 1 tem a forma de uma asa de avião invertida?
2. Por que é preciso considerar a turbulência em alguns escoamentos?
3. Por que os carros populares têm a forma de uma gota?
4. Por que outros automóveis têm uma grade dianteira muito maior, como no caso de caminhões e ônibus?

O processo de transporte de um fluido é caracterizado, basicamente, pela capacidade que este tem de estabelecer equilíbrio – uma tendência natural de todos os fluidos de acordo com a qual as condições finais de um fluido tendem a não apresentar variação. As variáveis comuns às condições dinâmicas e estáticas de transporte de fluidos podem ser estabelecidas considerando-se três condições:

1. **Quantidade de movimento**: As variáveis tendem a apresentar variação em função da diferença de potencial.
2. **Massa**: Todos os fluidos apresentam alguma massa (com exceção dos gases, para os quais é preciso considerar certas teorias de fenômenos de transporte, ainda que sejam mais bem descritos pelas teorias da termodinâmica e da mecânica estatística para gases). Dessa forma, ao se deslocarem dentro de um sistema, são fortemente influenciados pela geometria do material que caracteriza o sistema, e essas influências produzem variações diretas na velocidade e na direção dos fluidos, alterando, e muito, outras grandezas físicas, como pressão e altura.
3. **Dinâmica**: Sempre que se trata de um fluido em movimento, é preciso ter certeza de que alguma propriedade ou quantidade física é transportada,

transferida, deslocada e propagada. Esse fenômeno não é exclusivo de fluidos no estado líquido, pois também ocorre em fluidos no estado gasoso, no entanto, com fluidos no estado líquido, a dinâmica pode ser explicada de maneira sensivelmente mais simples.

1.2 Desenvolvimento histórico

O estudo que apresentaremos nesta seção está fundamentado na obra de White (2011). O autor data o início da história da mecânica dos fluidos por volta do século IV a.C., com os romanos, em virtude das construções de aquedutos para suas cidades. No decorrer dos anos, surgiram mais registros do uso de princípios da mecânica dos fluidos: os seres humanos começaram a buscar soluções para a flutuação de corpos e para problemas de escoamentos, como o transporte de água até determinado local, o desenvolvimento de sistemas de irrigação e a criação de projetos de navios a vela com remos.

Posteriormente, Arquimedes (285-212 a.C.) elaborou os primeiros esboços de uma teoria sobre corpos flutuantes e submersos. Desde então, e até o século XV, houve um avanço significativo nos estudos de escoamento, ainda que não haja nenhum registro sobre tais estudos. Nesse mesmo século, Leonardo da Vinci (1452-1519) deu início às anotações experimentais reais, como a equação de conservação de massa e os estudos de ondas, jatos, hidráulica e de dispositivos de baixo e alto ressalto, como os estudos aerodinâmicos e de paraquedas, respectivamente.

Já no século XVII, o francês Edme Mariotte (1620-1684) construiu o primeiro túnel de vento, com a decorrente testagem de alguns modelos (Figura 1.1). Na mesma época, Isaac Newton (1643-1727) estudou a quantidade de movimento dos fluidos, que passaram a se chamar *newtonianos*[1].

Após um século, entraram em cena Daniel Bernoulli (1700-1782), Leonhard Euler (1707-1783), Jean d'Alembert (1717-1783), Joseph-Louis Lagrange (1736-1813) e Pierre-Simon Laplace (1749-1827), autores que contribuíram significativamente para os estudos do comportamento dos fluidos. No entanto, como as teorias desses cientistas se aplicavam a questões muito restritas e específicas, elas tiveram uma validade apenas parcial.

---

[1] Exemplos de fluidos newtonianos: água, ar, asfalto, tintas, graxas e óleos pesados provenientes do petróleo.

Figura 1.1 – Ar fluindo por um túnel de vento (simulação em computador).

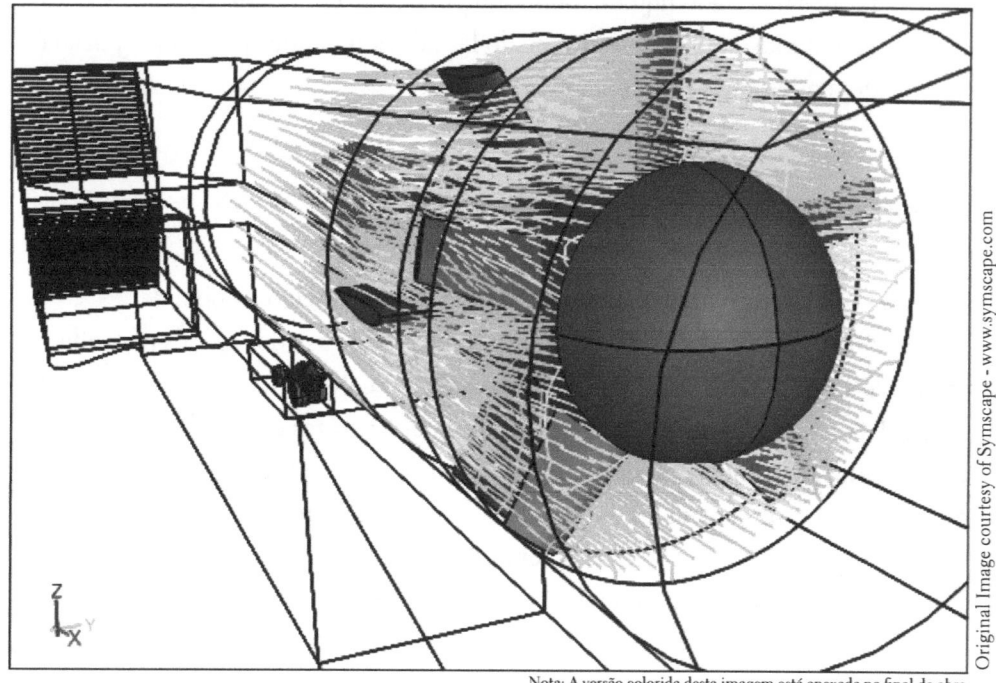

Nota: A versão colorida desta imagem está anexada no final da obra.

Posteriormente ao entendimento dos princípios da hidrostática (fluidos parados) e da hidrocinética (fluidos em movimento), foi então desenvolvida outra área da ciência dos fluidos, chamada *hidrodinâmica*, por volta do século XIX. Para essa área, a viscosidade, a pressão e a compressibilidade, entre outros fatores, foram consideradas parte essencial de tais estudos.

Foi então que Ludwig Prandtl (1875-1953), também conhecido como "pai da mecânica dos fluidos moderna", escreveu a famosa **teoria da camada-limite**, a qual o permitiu concluir que os escoamentos de fluidos com baixa viscosidade, como água e ar, apresentam uma camada viscosa delgada, chamada *camada-limite*, próxima às superfícies sólidas de interfaces e ligada a uma camada externa que pode ser considerada não viscosa, em que são válidas as equações de Euler e Bernoulli (White, 2011).

Como três quartos da Terra estão cobertos por água e por ar, tais fluidos acabaram se tornando protagonistas em inúmeras situações estudadas. Portanto, diariamente, mas sem perceber, a mecânica e os fenômenos associados ao transporte dos fluidos estão presentes em nossa vida, seja na medicina, como na circulação sanguínea, seja na indústria aeroespacial, como na construção de aeronaves e foguetes, seja em outras áreas, como na irrigação de plantações, nos oleodutos e nos gasodutos e nas usinas hidrelétricas.

Fundamentalmente, um fluido, líquido ou gasoso, pode ser definido como uma substância que muda de maneira contínua, quando submetida a uma tensão de cisalhamento, independentemente da intensidade. Sua principal característica é a fluidez, ou seja, sua capacidade de não resistir à deformação (tomar a forma de seus recipientes).

Experimentalmente, os escoamentos de fluidos são divididos em duas categorias: escoamentos lentos e escoamentos turbulentos. Para melhor compreendermos os fenômenos associados, podemos considerar a água que escoa por uma mangueira.

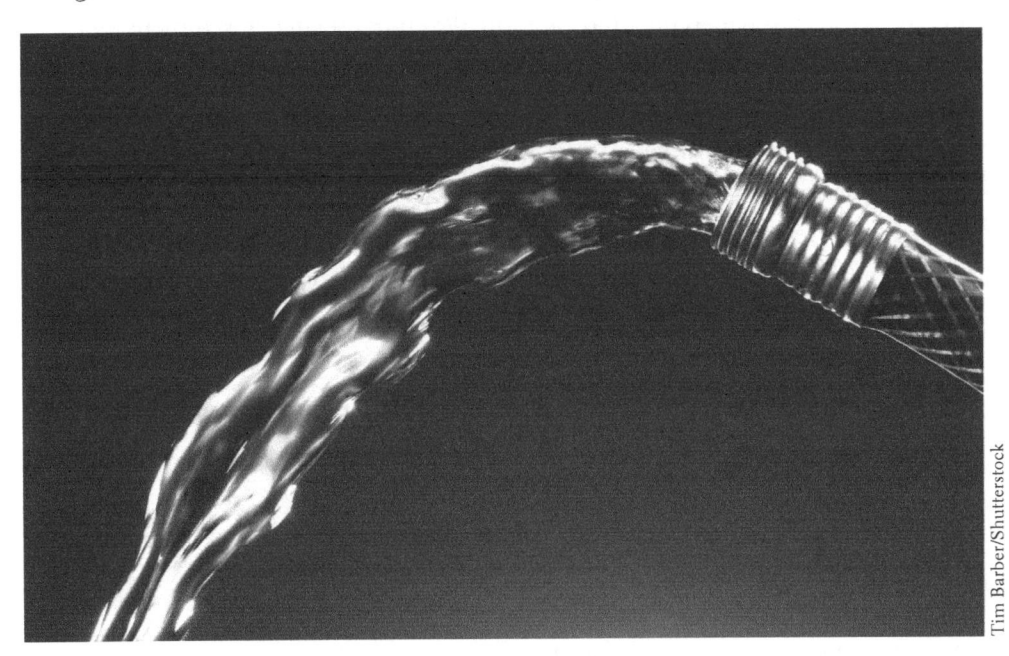

Vamos imaginar que existem milhões de "caixas", as quais chamaremos de *pacotes de informação do fluido*. Esses pacotes viajam dentro da mangueira carregando todas as propriedades daquele fluido, como volume, pressão, temperatura, massa específica, densidade e viscosidade.

Agora podemos introduzir o primeiro conceito de *escoamento*. Em primeiro lugar, há o **escoamento lento**, também conhecido como *escoamento laminar*, no qual os efeitos associados à viscosidade são predominantes. Ele admite a propagação de pacotes de informação do fluido de forma ordenada, organizada e linear – por isso o nome de *escoamento laminar*. O segundo tipo de escoamento, conhecido como *turbulento*, ocorre de forma muito rápida, quando os gradientes de velocidade são predominantes e os efeitos de inércia, significativos. Para esse tipo, os pacotes de informação do fluido se propagam de maneira desorganizada, caótica e em desequilíbrio.

Esses dois tipos de escoamento, descritos no século passado, são fundamentais para o estudo dos fenômenos associados aos transportes de energia, massa e movimento. Mostraremos mais adiante que existem expressões matemáticas que consideram um ou outro tipo de escoamento, com vistas a obter um resultado que represente com fidelidade o fenômeno estudado.

1.3 Dimensões fundamentais e notação científica

Antes de seguirmos para o próximo capítulo, devemos esclarecer as dimensões usadas para descrever os comportamentos qualitativo e quantitativo dos fenômenos em estudo. O **comportamento qualitativo** é usado para caracterizar a natureza dos fluidos, como comprimento, tempo, tensão e velocidade, enquanto o **comportamento quantitativo** fornece uma medida numérica com referência ao valor de comprimento, tempo, tensão e velocidade do fluido. Nesse âmbito, parâmetros como comprimento, tempo, massa e temperatura são denominados *dimensões primárias*; já outros parâmetros, como área, volume, velocidade, pressão e força, constituem a junção de algumas dimensões primárias.

Vejamos alguns exemplos: a aceleração ($\vec{a}$), dada em [m/s^2], é a razão de uma unidade de comprimento pelo tempo ao quadrado, enquanto a velocidade ($\vec{v}$), dada em [m/s], é a razão entre a unidade de comprimento e o tempo. Na Tabela 1.1 apresentamos algumas dimensões e suas unidades, de acordo com o Sistema Internacional de Unidades (SI).

Tabela 1.1 – Dimensões e suas unidades

Dimensão	Unidade	Símbolo
Comprimento	Metro	m
Massa	Quilograma	kg
Tempo	Segundos	s
Temperatura	Kelvin	K
Corrente elétrica	Ampère	A
Força	Newton	N
Pressão	Pascal	Pa

Fonte: Adaptado de Potter; Wiggert, 2011, p. 3.

Com base nas dimensões fundamentais e para facilitar as anotações, podemos substituir potências de base 10 por prefixos, conforme indica a Tabela 1.2.

Tabela 1.2 – Prefixos no SI

Fator de multiplicação	Prefixo	Símbolo
10^{12}	tera	T
10^{9}	giga	G
10^{6}	mega	M
10^{3}	kilo	k
10^{-2}	centi	c
10^{-3}	mili	m
10^{-6}	micro	μ
10^{-9}	nano	n
10^{-12}	pico	p
10^{-15}	femto	f
10^{-18}	atto	a

Fonte: Adaptado de White, 2011, p. 4.

É fundamental que você compreenda as conversões de unidades ou dimensões, pois nem sempre as dimensões estão no SI. Alguns exemplos clássicos de conversão referem-se às dimensões primárias. Vejamos alguns:

a. 1 m = 100 cm = 1.000 mm
b. 1 h = 60 min = 3.600 s
c. 0 °C = 273 K = 32 °F
d. 1 kg = 1.000 g = 0,001 t

É possível, ainda, transformar dimensões de área métrica em dimensões de área milimétrica, massa em força, pressão em milímetros de mercúrio, entre outras possibilidades. Vejamos alguns exemplos:

a. 1 m² = 0,000001 km² = 1.000.000 mm²
b. 1 kg = 9,81 N
c. 1 kgf/m² = 0,0073555 cmHg

-Síntese

Neste capítulo, mostramos que o processo de transporte de um fluido caracteriza-se pela capacidade de este estabelecer o equilíbrio – os fluidos tendem a não apresentar nenhuma variação ao final do escoamento. As variáveis que são comuns a todas as condições dinâmicas ou estáticas de transporte de fluidos são: quantidade de movimento, massa e dinâmica.

Com relação ao escoamento de fluidos, esclarecemos que este pode ser dividido em duas categorias: escoamento laminar e escoamento turbulento. Também destacamos que um fluido muda de forma contínua quando submetido a uma tensão de cisalhamento e que sua principal característica está na capacidade de não resistir à deformação.

Observamos, por fim, que os fluidos carregam as informações de seus parâmetros, como temperatura, volume, velocidade, pressão, densidade, massa específica e viscosidade.

Tendo isso em vista, podemos concluir que os pacotes de informação dos fluidos podem ser estudados a qualquer momento durante um escoamento. Será com base nesse entendimento que descreveremos toda a teoria sobre os fenômenos de transporte, seja em um regime de escoamento laminar, seja em um de escoamento turbulento.

– Questões para revisão

1. Escreva a sequência de números usando os prefixos conforme a Tabela 1.2:
   a) $2,5 \cdot 10^5$ N
   b) $5,72 \cdot 10^{11}$ N
   c) $4,2 \cdot 10^{-8}$ Pa
   d) $1,76 \cdot 10^{-5}$ m^3
   e) $1,2 \cdot 10^{-4}$ m^2
   f) $7,6 \cdot 10^{-8}$ m^3

2. Escreva os seguintes números com a utilização de potências (não use prefixos):
   a) 125 MN
   b) 32,1 µs
   c) 0,67 GPa
   d) 0,0056 mm^3
   e) 520 cm^2
   f) 7,8 km^3

3. A quantidade $2,36 \cdot 10^{-8}$ Pa pode ser escrita como:
   a) 23,6 nPa
   b) 236 µPa
   c) $236 \cdot 10^{-3}$ mPa
   d) 236 nPa

4. Os dois tipos de escoamento são:
   a) laminar e complexo.
   b) laminar e linear.
   c) turbulento e laminar.

d) turbulento e linear.

e) dinâmico e estático.

f) newtoniano e dinâmico.

5. Os parâmetros ou grandezas físicas mais importantes em fenômenos de transporte são:

    a) pressão, volume e densidade.

    b) pressão, volume, densidade e viscosidade.

    c) pressão, volume, densidade, viscosidade e massa específica.

    d) pressão, volume, densidade, viscosidade, massa específica e velocidade de escoamento.

    e) pressão, volume, densidade, viscosidade, massa específica, velocidade de escoamento e temperatura.

6. Consulte a Tabela 1.1 e indique as unidades e os respectivos símbolos relativos às seguintes dimensões:

    a) Comprimento

    b) Massa

    c) Tempo

    d) Temperatura

    e) Corrente elétrica

    f) Força

    g) Pressão

7. Todos os termos de uma expressão matemática têm as mesmas unidades, portanto, determine as unidades no Sistema Internacional das constantes nas equações a seguir:

    a) $d = \dfrac{(2,4)^2}{2a}$, em que (d) é a distância e (a) é a aceleração da gravidade;

    b) $F = 3,2 \dfrac{v}{t}$, em que (F) é a força, (v) é a velocidade e (t) é o tempo.

8. Uma tubulação é completamente lisa e sem atrito? Pense um pouco em relação ao nível molecular e lembre-se da definição dos tipos de escoamento para responder a essa pergunta.

9. Qual é o tipo de escoamento que ocorre no rastro de aviões e deixa o que se chama de *condensation trails* (trilhas de condensação)?

10. A definição dos fluidos passa pelo entendimento da tensão de cisalhamento. Neste capítulo, não nos aprofundamos nesse tipo de tensão. Assim, faça uma pesquisa e explique o que seria a tensão de cisalhamento.

Para saber mais

Para aprofundar seus estudos sobre o tema do capítulo, sugerimos a seguinte obra:
BRAGA FILHO, W. **Fenômenos de transporte para engenharia**. Rio de Janeiro: LTC, 2006.

Curiosidades

TERMÔMETROS

Dentre os 17 primeiros países a assinar a Convenção do Metro estava o Brasil! Não é surpreendente? Acontece que Dom Pedro II era um erudito profundamente interessado em ciência e tecnologia, sempre preocupado em inserir o Brasil no cenário internacional. Infelizmente, os contemporâneos de Dom Pedro II não eram tão vanguardistas quanto ele. Os governos republicanos que o sucederam não ratificaram a adesão do país à Convenção do Metro, o que só foi feito definitivamente em 1953! Por esse motivo, o Brasil perdeu a chance de figurar entre as primeiras nações a adotarem o Sistema Métrico Decimal.

Fonte: IPEM-SP, 2014.

ETIMOLOGIA DOS NOMES NO SISTEMA INTERNACIONAL DE UNIDADES – SI

Metro: O metro é a mais conhecida das unidades. A palavra metro vem do grego *metron*, que significa **medida** e dá nome à ciência das medições, a metrologia. Muitas outras palavras utilizam o metro como elemento de composição, principalmente como sufixo nos nomes dos instrumentos de medir: Taxímetro, cronômetro, micrômetro, são alguns exemplos. Ah! Pode parecer que a palavra metrópole tenha a mesma origem, mas não tem! O metro de metrópole vem do grego *metròs*, que significa mãe. Metrópole é "cidade mãe".

Quilograma: Entre os romanos a menor unidade de massa era o *scrupulum* (escrópulo em português), que significa pedrinha. Com a expansão do Império Romano muitos dos povos dominados adotaram as suas unidades de medir, porém nem sempre as escreviam corretamente. Scrupulum acabou por ser grafado "*scripulum*", e esse pequeno erro fez toda a diferença. Isso porque *scripulum* foi confundido com *scriptum*, que significa escrita. Mas o que é que isso tem a ver com o grama? Acontece que "**gramma**", em grego, significava qualquer signo escrito. Então, por causa dessa analogia enviesada o scrupulum virou gramma. Aliás, como a palavra grega "gramma" é masculina, dizemos "**o grama**" quando nos referimos à unidade de massa. A palavra feminina grama vem do latim "gramen" e significa relva, aquele matinho que reveste os campos de futebol. Muitas palavras usam o sufixo grama com o seu significado original, de signo escrito: Pentagrama, telegrama, programa etc. Outra coisa curiosa é que o grama não é a unidade de base para massa (peso). A unidade de massa é o quilograma, único caso em que um múltiplo assume esse papel. Quilo, do grego *Khilioi*, significa mil.

Segundo: O segundo é a unidade SI para o tempo. Hora vem do latim hora e significa hora mesmo, a vigésima quarta parte do dia. O minuto veio do adjetivo minutus ("pequeno"). Os geômetras antigos dividiam o grau em 60 partes, chamando cada parte de pars minuta prima, "a primeira parte pequena". Esta, por sua vez, quando dividida em 60 partes iguais, era chamada pars minuta secunda, "a segunda parte pequena", de onde proveio o nosso segundo. Já que falamos em grau, a palavra vem do latim gradus, que significa degrau! É bom lembrar que quando "minuto e segundo" expressam tempo, seus símbolos são min e s respectivamente. Quando expressam divisão de grau, seus símbolos são apóstrofos[1]. Por isso, nada de escrever 8h 20' 30" quando a grandeza for tempo. Essa notação é apenas para medida de ângulo. O certo é 8h 20 min 30s. E já que falamos de ângulo, a unidade SI para medir ângulo plano é o radiano, palavra derivada do latim radius, que significa raio. Ângulos sólidos são medidos em esterradianos. Stereos em grego quer dizer sólido.

Fonte: Montini, 2010.

---

[1] É necessário que façamos uma pequena correção: o símbolo gráfico utilizado neste caso é a plica, e não o apóstrofo.

capítulo 2

Conteúdos do capítulo:

- Definição de *hipótese do contínuo*.
- Escoamentos uni, bi e tridimensionais.
- Escoamentos internos e externos.
- Conceitos de *volume de controle*, *sistema de controle* e *linhas de corrente*.
- Regimes de escoamento e experimento de Reynolds.
- Compressibilidade e incompressibilidade de um fluido.

Após o estudo deste capítulo, você será capaz de:

- descrever os conceitos fundamentais da teoria de fenômenos de transporte;
- interpretar as leis usadas no estudo de escoamentos;
- distinguir os escoamentos em uma, duas ou três dimensões;
- caracterizar os escoamentos externos e internos e as linhas de corrente;
- explicar a diferença entre volume de controle e sistema de controle;
- reconhecer sob quais condições um escoamento pode ser laminar ou turbulento;
- definir quando um fluido é compressível ou incompressível.

Conceitos fundamentais da teoria de transporte de fluidos

Neste capítulo, apresentaremos a definição de *hipótese do contínuo*, conceito usado como forma de garantir a uniformidade das propriedades ao longo dos escoamentos. Em seguida, abordaremos os escoamentos uni, bi e tridimensionais, bem como os escoamentos internos e externos. Depois trataremos do volume de controle, do sistema de controle e das linhas de corrente, tópicos que servem para oferecer condições de entendimento acerca dos regimes de escoamentos laminares ou turbulentos. Esclareceremos, na sequência, os conceitos de *compressibilidade* e *incompressibilidade*, fundamentais para a resolução de problemas. Também abordaremos a massa específica de alguns componentes – como as da água, da gasolina, do óleo de cozinha e da glicerina –, a qual terá um número fixo quando o fluido estiver a temperatura ambiente. Mostraremos que o resultado dessa análise simples exclui a necessidade de recalcular o valor da massa específica, o que garante que as análises e interpretações dos transportes sejam as mais fiéis possíveis à realidade do fluido em escoamento.

Fenômenos da natureza para um estudo de caso

O que um tornado e um furacão apresentam em comum? E o que o furacão tem em comum com a água que escapa pelo ralo da pia de uma residência? Como a meteorologia se utiliza do conceito de *turbulência* para a previsão do tempo? Por que temos de admitir um aglomerado de moléculas para fazer valer as leis da física? Qual é o conceito básico de *entropia* e por que ele é importante para a definição de escoamentos turbulentos? Por que a água dentro de uma seringa não sofre compressão, enquanto o ar dentro da mesma seringa consegue ser levemente comprimido?

2.1
Hipótese do contínuo

Quando falamos em fluido, devemos considerá-lo um "meio contínuo". Para compreendermos melhor isso, podemos imaginar moléculas totalmente aglomeradas (juntas), com pouco ou o mínimo possível de espaço entre si, que desprezam as atividades moleculares, mas sempre mantendo suas propriedades individuais. Esse conceito corresponde à **hipótese do contínuo**. Tal conceito é adotado para que as teorias desenvolvidas para essa área possam ser aplicadas sem a necessidade de atribuir condições de contorno, o que tornaria as soluções muito mais complexas. A hipótese do contínuo pode ser mais bem compreendida por meio da Figura 2.1.

Figura 2.1 – Fluido como um contínuo (sem espaços ou vazios)

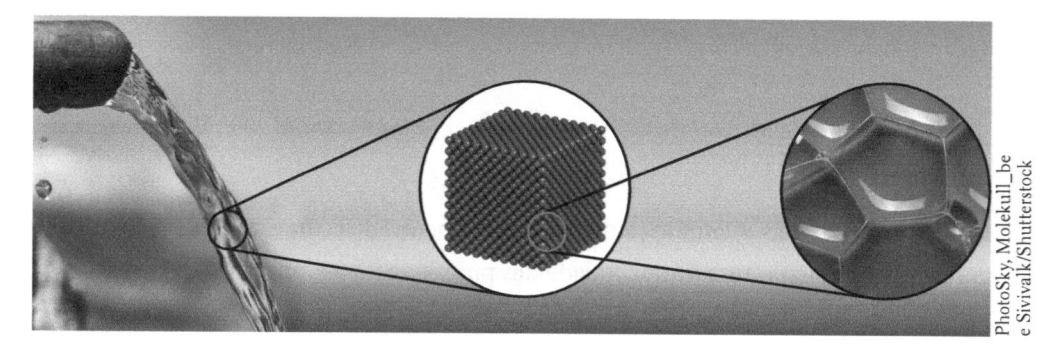

PhotoSky, Molekull_be e Sivivalk/Shutterstock

2.2
Escoamento uni, bi e tridimensional

Em geral, admite-se que o escoamento é **unidimensional** quando se considera o fluido em dado instante de tempo, variando sua velocidade ($\vec{v}$) unicamente na direção do fluxo ($\vec{v}_x$ ou $\vec{v}_y$ ou $\vec{v}_z$). O exemplo mais estudado de escoamento unidimensional é o caso das tubulações, ilustrado no esquema da Figura 2.2.

Figura 2.2 – Escoamento uniforme e unidimensional

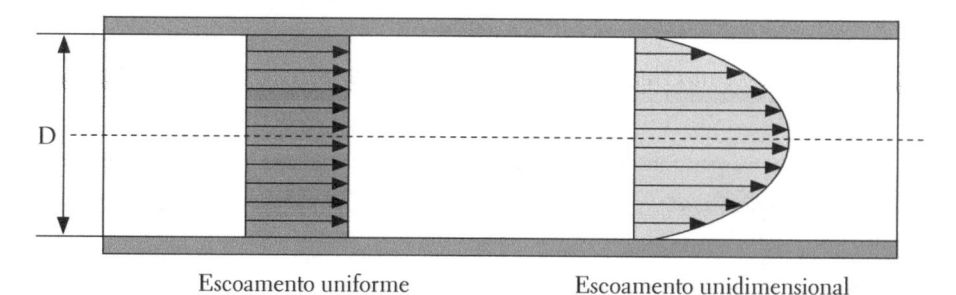

Escoamento uniforme   Escoamento unidimensional

Fonte: Adaptado de Fox; McDonald; Pritchard, 2010, p. 18..

Na Figura 2.2, *D* representa o diâmetro da tubulação em metro. No **escoamento uniforme**, todos os pacotes de informação do fluido, ou seja, todos os pontos do fluido, escoam com a mesma velocidade. Esse tipo de escoamento ocorre imediatamente no início do processo de deslocamento de um líquido dentro de uma tubulação; à medida que o tempo passa e em função das condições de atrito nas proximidades das paredes da tubulação, o fluido sofre os efeitos do atrito e da tensão de cisalhamento, o que implica um escoamento unidimensional, quando "porções" ou partes dos fluidos muito próximos das paredes da tubulação tendem a apresentar velocidades de deslocamento mínimas, enquanto no eixo axissimétrico a velocidade do fluido apresenta um número máximo de velocidade de escoamento.

Já no **escoamento bidimensional**, o fluido escoa em duas direções ($\vec{v}_x$, $\vec{v}_y$). É possível estudar esse comportamento também em tubulações, porém com diferentes diâmetros, conforme mostra a Figura 2.3.

Figura 2.3 – Escoamentos bidimensionais

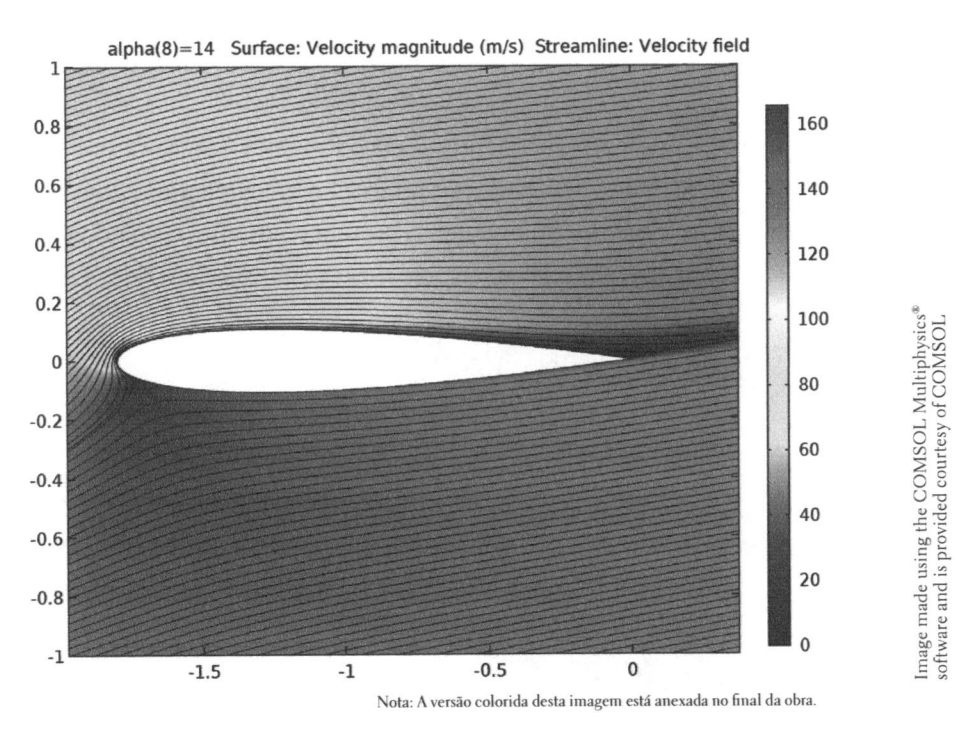

Nota: A versão colorida desta imagem está anexada no final da obra.

Na natureza, a maioria dos escoamentos é **tridimensional** e complexa, ou seja, atua nas três direções ($\vec{v}_x, \vec{v}_y, \vec{v}_z$). A Figura 2.4 apresenta um exemplo gráfico de como acontecem os escoamentos tridimensionais.

Figura 2.4 – Escoamentos tridimensionais

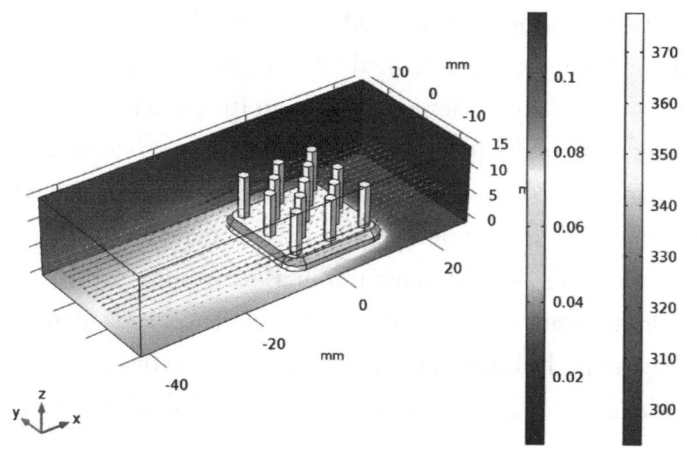

Nota: A versão colorida desta imagem está anexada no final da obra.

2.3
Escoamentos interno e externo

O **escoamento interno** acontece quando o fluido está completamente envolto por superfícies sólidas – por exemplo, quando passa por tubulações (conforme mostra a Figura 2.5). Contudo, é preciso considerar também o escoamento interno em canal aberto, quando os fluidos estão submetidos a pressão constante por não estarem completando a tubulação por inteiro, como é o caso de rios e canais de irrigação.

Figura 2.5 – Escoamento interno

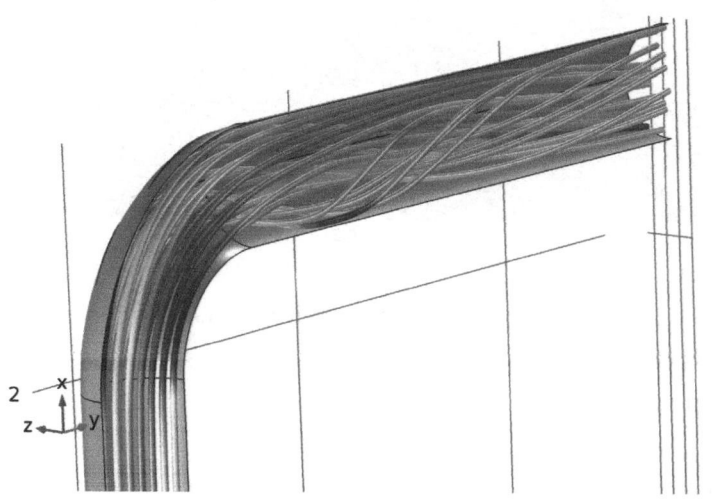

Nota: A versão colorida desta imagem está anexada no final da obra.

Na Figura 2.5, as variações nas velocidades de escoamento do fluido são visíveis pela orientação das linhas de escoamento, que parecem ser mais turbulentas. Quanto mais próximo das paredes e da curva da tubulação, mais turbulento tende a ficar o escoamento, o que indica uma velocidade mais lenta - visto que as linhas tendem a ficar mais perturbadas. Já no eixo central da tubulação, a velocidade tende a ser mais rápida.

Agora você já é capaz de entender o **escoamento externo** como um fluido que age sobre uma superfície, como a asa de um avião, as pás de um helicóptero, o túnel de vento, as turbinas eólicas e as turbomáquinas[1].

[1] Turbomáquina: termo usado na engenharia para designar os equipamentos que estão associados ao escoamento de fluidos. São exemplos de turbomáquinas as turbinas e bombas hidráulicas.

Figura 2.6 – Escoamento externo

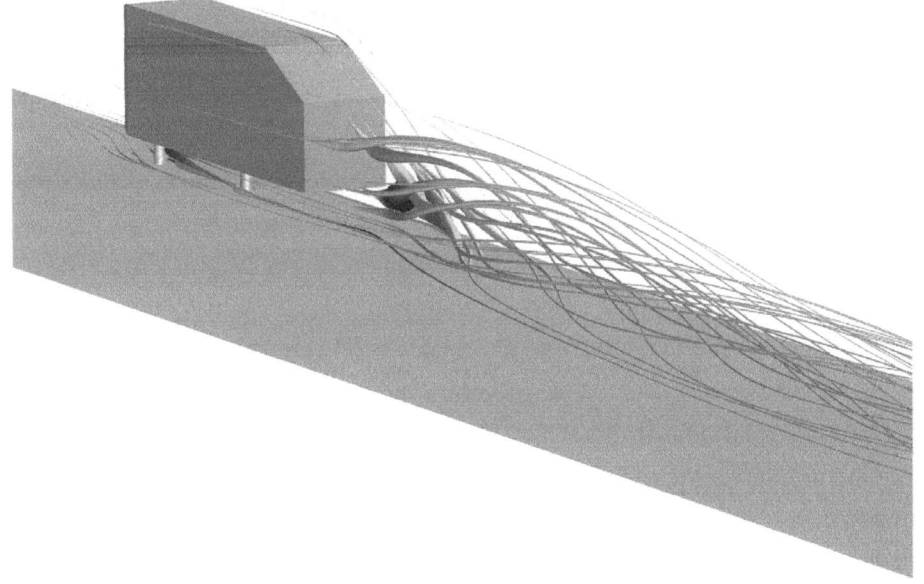

Nota: A versão colorida desta imagem está anexada no final da obra.

Image made using the COMSOL Multiphysics® software and is provided courtesy of COMSOL

Em alguns casos, para um mesmo equipamento, pode haver dois tipos de escoamento, tanto interno quanto externo. Um exemplo é a turbomáquina, em que o fluido está envolto por uma tubulação, mas também passa por um sistema de hélice. Para ensaios em túneis de vento, em um automóvel ou na asa de um avião, o fluido é colocado sobre uma plataforma em uma grande sala, a qual tem um sistema de escoamento projetado de tal modo que em uma extremidade existe uma hélice, que vai acelerar o ar para frente. Ao passarem pelo objeto em estudo, câmeras de filmagem gravam todos os aspectos do escoamento, gerando uma série de dados que, na sequência, serão analisados pelos profissionais e projetistas daquele automóvel ou asa de avião, por exemplo (Figura 2.7).

Figura 2.7 – Escoamento externo

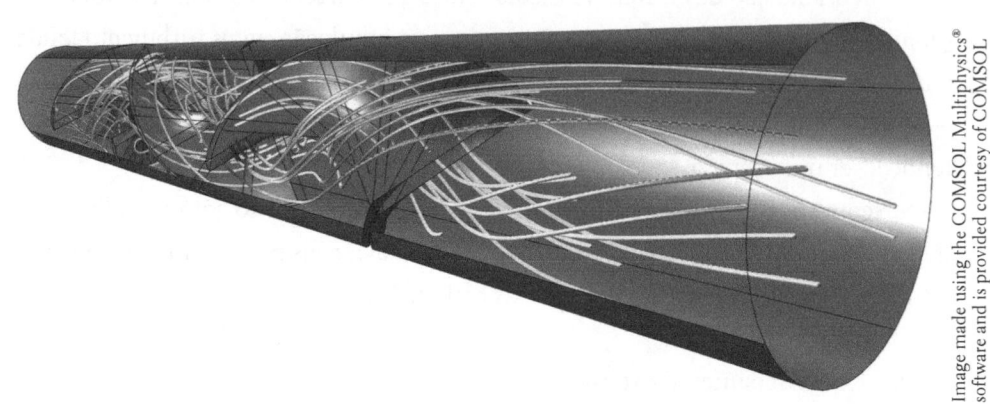

Nota: A versão colorida desta imagem está anexada no final da obra.

2.4
Volume de controle

O volume de controle é a região específica na qual as leis e teorias são válidas. Essa região é delimitada (em problemas e exercícios) por um tracejado em volta do corpo a ser estudado, com o objetivo de destacar exatamente a região que será analisada. Dessa forma, os cálculos se tornam mais precisos, as leis ficam garantidas e as teorias que examinaremos adiante são validadas. O volume de controle pode ser estudado dentro de uma bomba, de uma turbina, em uma tubulação qualquer ou nas proximidades da asa de um avião.

Um exemplo de volume de controle – entendido como o estudo em um tempo (t) fixo – pode ser visto na Figura 2.8. O sistema nem sempre é fixo, ou seja, nem sempre terá a forma da Figura 2.9 (mais adiante); com o passar do tempo, instantes ou minutos depois, o fluido se desloca dentro de uma tubulação e pode também ser deformado, como ocorre com um pistão durante a exaustão, por exemplo.

Figura 2.8 – Volume de controle e sistema de controle, em um instante de tempo (t)

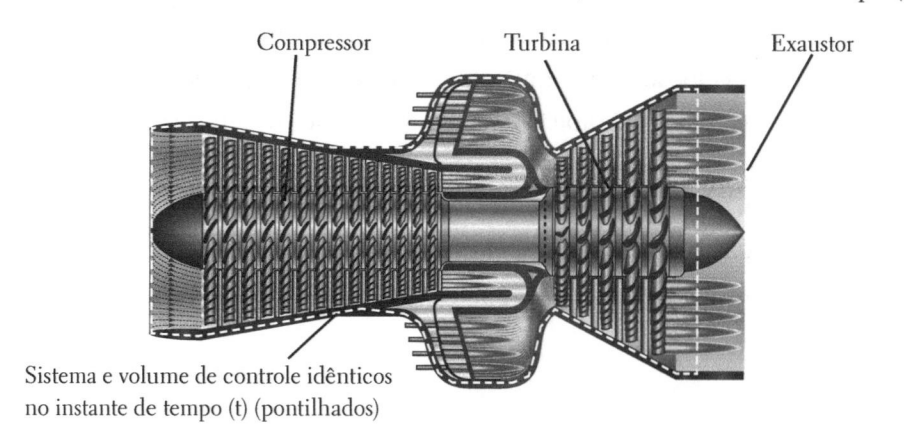

Sistema e volume de controle idênticos no instante de tempo (t) (pontilhados)

Nota: A versão colorida desta imagem está anexada no final da obra.

2.5 Sistema de controle

A área mais completa para o estudo de fenômenos de transporte é o sistema de controle. Entretanto, em virtude da complexidade implicada na descrição de um fenômeno ao longo de um intervalo de tempo, esse sistema não costuma ser adotado para a solução de problemas. Ele é entendido, por exemplo, como todo o comprimento de uma tubulação, não importando quanto tempo se passou desde o início do processo de escoamento.

Considerando-se esse sistema de controle, é necessária uma análise mais detalhada para os cálculos de problemas, visto que o fluido em uma bomba ou em uma turbina (conforme exemplos das Figuras 2.8 e 2.9) apresenta um comportamento capaz de alterar a velocidade ou a pressão. Como ilustrado na Figura 2.9, o sistema de controle é identificado por toda a área tracejada, ou seja, o volume de controle é função do espaço, enquanto o sistema de controle é função do espaço e do tempo – à medida que o tempo de escoamento aumenta, a região delimitada como sendo do sistema de controle também avança, alterando as propriedades dos fluidos conforme o tempo passa.

Em outras palavras, entendido o sistema de controle como a região que delimita as fronteiras de interesse em um problema, se o fluido estiver se deslocando ao longo da região, as propriedades dos fluidos serão alteradas, de modo que a cada tentativa de resolver um problema será preciso passar pelo entendimento do comportamento das grandezas físicas envolvidas no processo. Quando se usa o volume de controle, o fator temporal não interfere nos resultados matemáticos. Isso porque é aceitável aproximar as condições iniciais de escoamento de um fluido às condições finais, pois admite-se conhecer quase sempre os parâmetros essenciais, como velocidade, pressão e volume.

Figura 2.9 – Sistema de controle (pontilhado em preto) e volume de controle (pontilhado em vermelho)

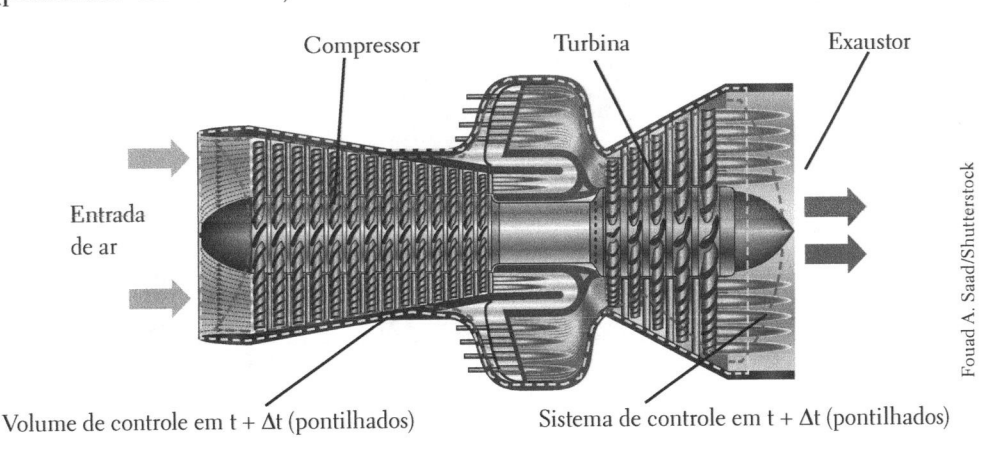

Nota: A versão colorida desta imagem está anexada no final da obra.

2.6 Linha de corrente

Segundo Brunetti (2008, p. 70), a linha de corrente é "a linha tangente aos vetores da velocidade de diferentes partículas no mesmo instante", o que significa dizer que, ao se observar o comportamento de um elemento de partícula num fluido, esse elemento se deslocará junto com o meio, apresentando pequenos vetores, cuja união é a linha de corrente. Essa linha é imaginária, porém necessária para entendermos melhor como acontece o escoamento laminar e turbulento, por exemplo. Dentro de um fluido, em um volume de controle, existem inúmeras linhas de corrente, conforme ilustram as Figuras 2.10 e 2.11.

Figura 2.10 – Representação das linhas de corrente com o vetor *velocidade tangencial*

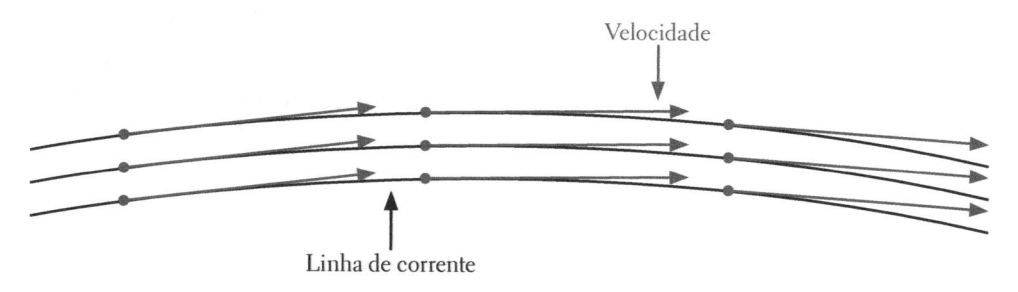

Figura 2.11 – Linhas de controle em um escoamento turbulento

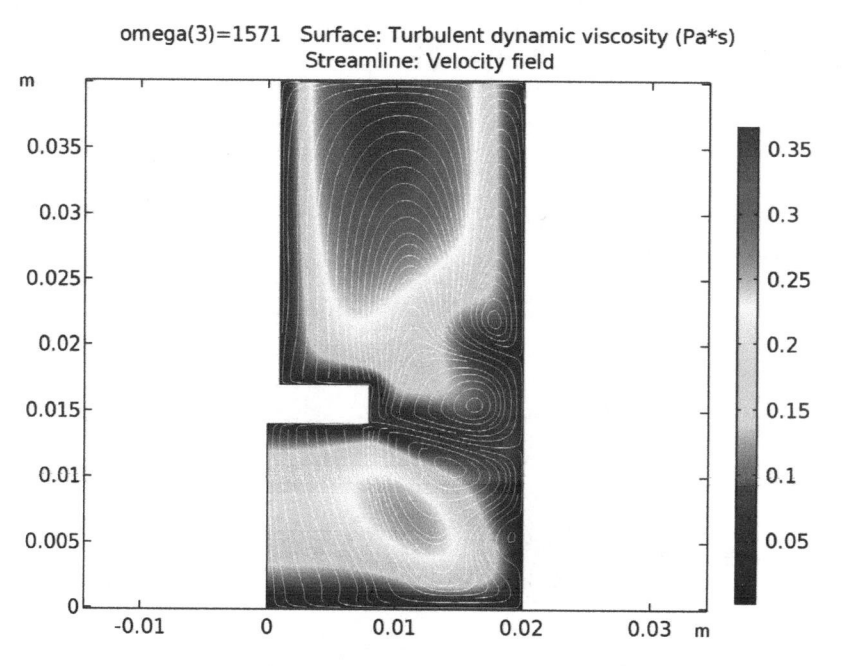

Nota: A versão colorida desta imagem está anexada no final da obra.

2.7 Escoamentos laminar e turbulento

Com base em um experimento realizado em 1883, construído por Osborne Reynolds (1842-1912), ficou determinado que há dois tipos de escoamento: o laminar e o turbulento. Em síntese, esse experimento teve como objetivo a visualização do comportamento-padrão de escoamento da água ao percorrer um tubo de vidro. Para visualizar o experimento, Reynolds usou um corante (Figura 2.12).

Um sistema de tubos permitia a Reynolds o controle da vazão da água (colorida) dentro de um reservatório, que também continha água. Ao abrir a válvula, a água escoava com certa vazão, de tal maneira que um filete do fluido se deslocava ao longo do reservatório. A água se movia como uma lâmina, e essa camada escorregava sobre a camada adjacente, permitindo a troca da quantidade de movimento – nesse caso, molecular.

Não havia a possibilidade de instabilidade ou turbulência no fluido, porque forças de viscosidade e de cisalhamento o amorteciam, dificultando o surgimento de movimento relativo entre as camadas adjacentes do fluido. Esse tipo de escoamento ficou conhecido como *escoamento laminar*.

No **escoamento laminar**, as velocidades de deslocamento são baixas, pois ele é caracterizado por um número de Reynolds menor que 2.000, sendo que os pacotes de informação do fluido se movem ao longo de uma linha de corrente, conforme o item *a* da Figura 2.12.

Figura 2.12 – Exemplos de escoamento laminar (a) e escoamento turbulento (b)

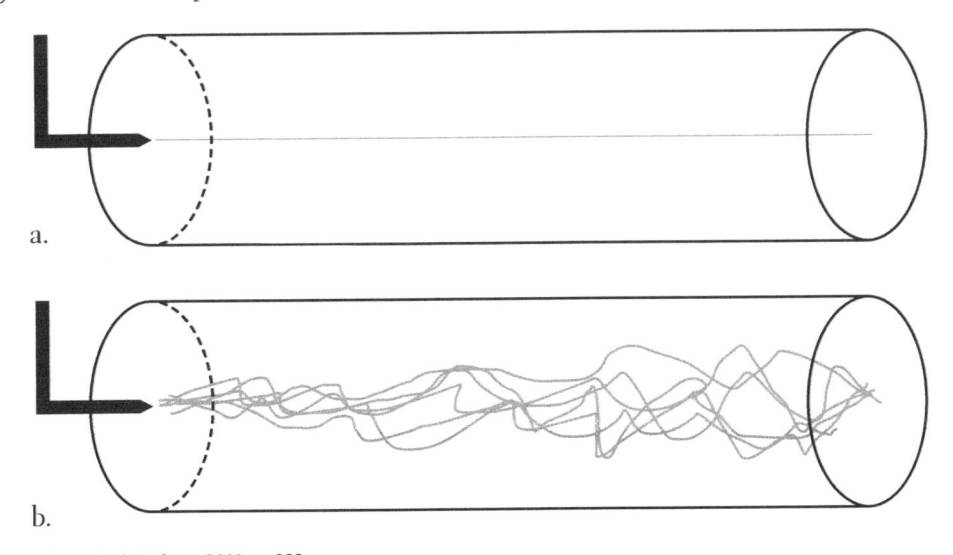

Fonte: Adaptado de White, 2011, p. 232.

Entre o escoamento laminar e o turbulento, existe o **escoamento de transição**. Neste, o número de Reynolds está entre 2.000 e 2.200, ou seja, o escoamento ainda tem traços de escoamento laminar e turbulento. Na Figura 2.13, a primeira parte do escoamento é laminar; na sequência, ele é de transição; e, por fim, o escoamento é turbulento.

Figura 2.13 – Exemplo de escoamento de transição

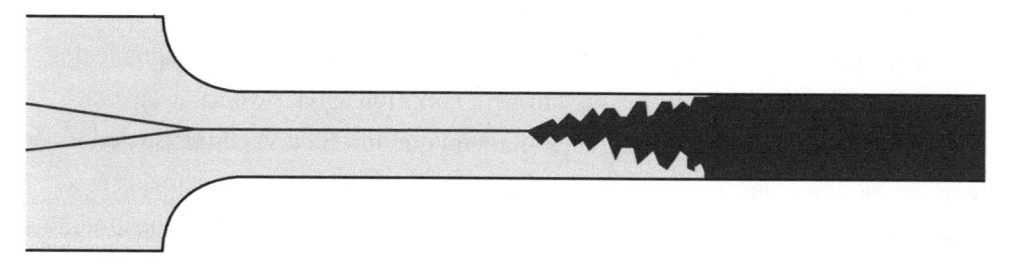

Fonte: Adaptado de White, 2011, p. 232.

No **escoamento turbulento**, a vazão aumenta. Nesse caso, observa-se um deslocamento transversal e irregular da linha de corrente – comportamento caótico das linhas – quando o número de Reynolds é maior que 2.300. Esse tipo de escoamento também pode ser descrito como um fluido que entra em ressonância com a água em virtude da diferença de velocidade, conforme ilustra a Figura 2.14.

Figura 2.14 – Exemplo de escoamento turbulento

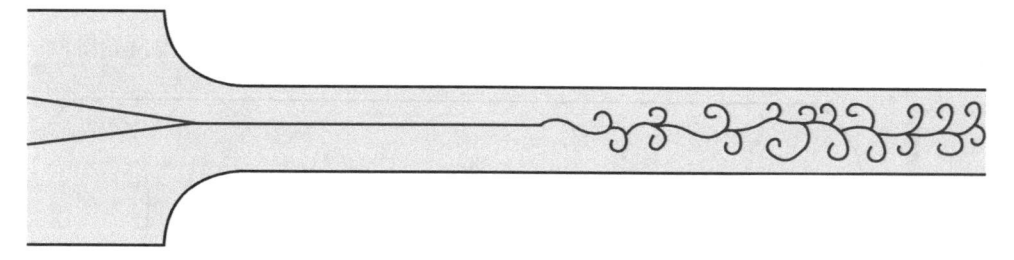

Fonte: Adaptado de White, 2011, p. 232.

Escoamentos laminares e turbulentos existem em todos os fenômenos de escoamento identificados na natureza. O próprio termo *turbulência* foi cunhado por Leonardo Da Vinci, que ao observar uma cachoeira, percebeu que, ao longo da queda de água, criava-se um fluxo de água linear, sem muitas alterações transversais, enquanto, na base, a água apresentava turbilhões e rotações não lineares, caóticas e sem um padrão previsível. A esse fenômeno ele chamou de *turbulenza*, que foi traduzido para o português como *turbulência*.

Fenômenos atmosféricos, como um tornado e um furacão, tem em comum o efeito turbulento de rotação do fluido *ar*, tal qual o turbilhão de rotação que a água da pia faz ao escorrer pelo ralo, em um sentido ou em outro. O fenômeno da turbulência é predominante na natureza, isso porque todo sistema tende a ser entrópico, ou seja, tende a apresentar entropia, que, em linhas gerais, significa o grau de desordem de um sistema, seja ele um fluido no estado líquido ou no gasoso.

A meteorologia se ocupa dos parâmetros que descrevem a turbulência em suas equações matemáticas. Essas equações são escritas na forma de códigos de programas de computador, que realizam milhões de cálculos por segundo, 24 horas por dia, sete dias da semana, sempre com o propósito de fornecer uma previsão do tempo, que vai ao ar nos telejornais, e dura não mais que cinco minutos de apresentação.

2.8
Número de Reynolds

O propósito do experimento de Reynolds é ilustrar a transição entre os escoamentos laminar e turbulento em tubos e determinar em quais condições cada um desses tipos de escoamento ocorre. Seu principal objetivo é determinar um número crítico, segundo o qual o fluxo laminar passa a ser transicional e este passa a ser turbulento. A vantagem de utilizar um valor de Reynolds em vez de velocidade crítica é que os resultados dos experimentos são aplicáveis para todos os escoamentos newtonianos em tubos redondos. É importante ressaltar que a turbulência não é uma característica dos fluidos, e sim dos escoamentos.

Em conformidade com o experimento de Reynolds, consideraremos daqui em diante que todos os escoamentos fechados, isto é, em dutos e tubulações, ocorrem sob a condição de uma geometria circular, ou seja, ocorrem em dutos circulares. Isso posto, é possível verificar que, para que ocorra a transição de escoamento laminar para turbulento, deve-se levar em consideração o diâmetro do tubo, a velocidade de deslocamento do fluido e o tipo de fluido (características do fluido). Portanto, temos uma relação – um número adimensional, que é o **número de Reynolds** – e a razão entre as forças inercial e viscosa, conforme podemos observar na Equação 2.1.

Equação 2.1 – Número de Reynolds

$$Re = \frac{\rho \cdot \vec{v} \cdot d}{\mu}$$

Portanto, para obter o número de Reynolds (Re), é necessário saber alguns valores:

- (ρ), que se refere ao peso específico do fluido em [kg/m^3];
- ($\bar{v}$), que é a velocidade média de escoamento na seção em [m/s];
- (d), que é o diâmetro do tubo em [m];
- (μ), que é a viscosidade dinâmica do fluido em [Pa · s].

Com base nas experiências realizadas por Reynolds, podemos admitir que, para números abaixo de 2.300, existem somente escoamentos laminares. Em outras palavras, para valores superiores a 2.300, ocorre uma transição de laminar para turbulento, dependendo do comprimento das perturbações locais. Assim, 2.300 é o **número crítico de Reynolds**. Porém, é importante lembrar que o valor *Re* é aplicável somente para escoamento em sistemas fechados, como tubos, dutos, tubulações e mangueiras.

2.9 Viscosidade

A viscosidade é outra propriedade de suma importância nos estudos de comportamento dos fluidos. Ela pode ser compreendida como a aderência interna. Essa propriedade determina a pressão exercida sobre o fluido para que este escoe em dutos ou tubulações. Em geral, fluidos que apresentam um elevado valor de viscosidade também apresentam perdas de energia durante o escoamento, principalmente por atrito.

A viscosidade fundamenta o estudo da **taxa de deformação** de um fluido. Assim, em um fluido com alta viscosidade, a taxa de deformação é menor; já em um fluido com baixa viscosidade, ocorre o contrário (Potter; Wiggert, 2011).

É importante destacar também que a viscosidade pode ser absoluta ou cinemática. A **viscosidade absoluta** – (μ) [Pa · s] – é medida sem a interferência da gravidade. O valor de viscosidade é encontrado em tabelas apropriadas.

A **viscosidade cinemática** – (ν) em [m²/s] – é medida por meio de parâmetros geométricos, utilizando-se a gravidade como base para a obtenção do valor real. Tal medida é realizada por meio da passagem do fluido por um orifício. Do início ao final do escoamento, é feita uma contagem do tempo usando-se um cronômetro. Essa medida pode ser definida pela Equação 2.2.

Equação 2.2 – Cálculo da viscosidade cinemática: razão entre a viscosidade absoluta e a massa específica do fluido

$$\nu = \frac{\mu}{\rho}$$

Assim, podemos reescrever o número de Reynolds na forma da Equação 2.3.

Equação 2.3 – Cálculo do número de Reynolds: definição do estado de escoamento, se turbulento ou laminar

$$Re = \frac{\rho \cdot \vec{v} \cdot d}{\mu} = \frac{\vec{v} d}{\nu}$$

2.10
Compressibilidade e incompressibilidade

Existe uma última classificação dos escoamentos, que é relevante, principalmente, para a interpretação e resolução de problemas: são os **escoamentos incompressíveis** e os **escoamentos compressíveis**. Todos os fluidos admitem determinado valor para uma massa específica; esse parâmetro, que abordaremos no próximo capítulo com mais detalhes, está associado à taxa de variação da massa do fluido pela taxa de variação do volume.

O fluxo de um líquido convencional (como a água) é considerado incompressível ao mais alto nível de precisão. Assim, um fluido é classificado como incompressível quando a densidade de massa do volume em movimento não se altera no momento em que ele escoa em regiões de diferentes pressões, ou seja, a razão de alteração de ρ ao longo do escoamento, por um período de tempo (t), é igual a zero.

Equação 2.4 – Definição de um escoamento incompressível

$$\frac{\partial \rho}{\partial t} = 0$$

Se, ao longo de um período de tempo de escoamento, o fluido não apresentar variação no valor de sua massa específica, então ele é classificado como incompressível. Se o escoamento é incompressível, pode ainda ser classificado como viscoso e não viscoso, conforme descreveremos a seguir.

2.10.1 Escoamento incompressível viscoso

Em razão da conservação de massa[2], um fluido deve estar livre de divergências. Isso significa que o volume de um fluido em movimento é constante. Na maioria das situações, a distribuição de densidade em um fluido é uniforme no espaço e constante no tempo (Figura 2.15).

[2] A conservação da massa declara que a matéria é indestrutível: ela se conserva permanente e indissociável, não importando as condições impostas.

Figura 2.15 – Exemplo de fluido incompressível (maizena e água)

Gudrun Schulze Ebbinghoff/Stockimo/Alamy Stock Photo

A ideia de escoamento incompressível não viscoso está associada ao estudo dos gases em geral e, portanto, será objeto de análise em situações que envolvam a termodinâmica. Escoamentos incompressíveis não viscosos incluem o escoamento atmosférico, a aerodinâmica de aeronaves comerciais aterrissando e decolando, o escoamento de ar de aquecedores e de condicionadores, o escoamento ao redor de automóveis e através de radiadores e o escoamento de ar em torno de edifícios.

A definição de *escoamento compressível* está associada ao entendimento e à análise da massa específica. Se a massa específica de determinado fluido sofrer alterações em suas propriedades ao longo do escoamento em um certo intervalo de tempo, então se trata de um fluido que é compressível, sendo válida a seguinte relação.

Equação 2.5 – Definição de um escoamento compressível

$$\frac{\partial \rho}{\partial t} \neq 0$$

Assim como ocorre com o escoamento incompressível, o compressível também é classificado como viscoso ou não viscoso.

2.10.2 Escoamento compressível viscoso

Somente em situações particulares a compressibilidade de fluidos viscosos acontece – os casos mais comuns são o martelo de água, a explosão submersa e o corte à água. A compressibilidade, de maneira geral, acontece somente nos fluidos não viscosos. Além disso, nos escoamentos compressíveis podemos incluir a aerodinâmica de aeronaves de alta velocidade, o escoamento de ar através de turbinas a jato, o escoamento de vapor através de uma turbina em uma usina de energia elétrica, o escoamento de ar em um compressor e o escoamento da mistura de ar e gás em um motor de combustão interna (Potter; Wiggert, 2004).

2.10.2.1 Martelo d'água

Com base em um estudo de física elementar, é possível afirmar que existe uma gama de similaridade entre ondas de diferentes tipos no movimento de um fluido, particularmente em análise de ondas de gravidade que ocorrem na superfície de um líquido e de ondas elásticas que ocorrem no interior de um volume de determinado líquido ou gás.

O fechamento brusco de uma válvula ao final de uma longa tubulação causa uma onda elástica que se propaga para frente e para trás, entre válvula e reservatório, com velocidade sônica. Ao final do tubo de um reservatório, ela sempre reflete negativamente e, ao final da válvula, é sempre refletida positivamente. Em decorrência disso, a pressão flutua rapidamente entre valores positivos e negativos.

Quando a velocidade inicial da água é muito alta, a pressão inicial sobe, podendo ser tão alta que acaba rompendo a tubulação. A redução de pressão, quando a onda se torna negativa, pode produzir a cavitação do líquido, ou seja, ocorre o fenômeno de vaporização do líquido em decorrência da redução de pressão, o que se deve às bolsas de vapor iniciais, que colidem contra a válvula e tendem a se reformar repetidamente. Em virtude dos sons gerados, esse fenômeno é frequentemente chamado de *martelo d'água*.

2.10.2.2 Explosão submersa

A explosão submersa é um outro exemplo em que líquidos podem ser comprimidos. Imagine uma bomba explodindo a certa profundidade na água: as moléculas colidem ou se aproximam. Esse comportamento de colisão entre as moléculas que compõem o fluido é uma característica de compressibilidade.

2.10.2.3 Corte à água

O processo de corte de peças com água vem sendo utilizado por metalúrgicas desde muito tempo, sendo considerado um processo melhor que o tradicional, a *laser*, pelo fato de não deixar rebarbas na peça, além de o resíduo final ser um pouco menor.

Figura 2.16 – Exemplo de uma chapa metálica sendo cortada por um jato de água sob alta pressão

O processo de corte consiste na pressurização da água em uma máquina hidráulica. Ao longo da tubulação até a ponta de corte, há uma diminuição significativa do diâmetro da tubulação, fazendo com que a velocidade aumente a ponto de promover tais cortes.

2.10.3 Escoamento compressível não viscoso

Potter e Wiggert (2011, p. 344) explicam que "um fluido pode ser considerado escoamento compressível, quando a massa específica muda significativamente entre os pontos de uma linha de corrente". Grande parte dos escoamentos considerados compressíveis são de gases, porém nem todos os estudos de fluidos compressíveis tratam de gases (Potter; Wiggert, 2004).

As propriedades de um fluido em um escoamento compressível são afetadas por variação de área e atrito, transferência de calor e choques normais, que podem proporcionar alterações relevantes na pressão e na temperatura de escoamento, promovendo mudanças na massa específica (Fox; McDonald; Pritchard, 2010).

Desse modo, é possível entender melhor o fato de os gases serem altamente compressíveis, considerando-se que as moléculas de gás, em dado recipiente, estão longe umas das outras, ou seja, estão bem separadas entre si – existe, portanto, muito espaço vazio.

Você deve lembrar que um gás ocupa todo o espaço em que está armazenado. Nessa condição, o gás apresenta certa massa específica; assim, quanto maior for o recipiente de armazenamento, mais esse gás poderá ser comprimido. Se o mesmo gás ocupar um volume menor, terá nessa nova situação uma massa específica menor (Figura 2.17).

Figura 2.17 – Exemplos de compressibilidade em gases e líquidos

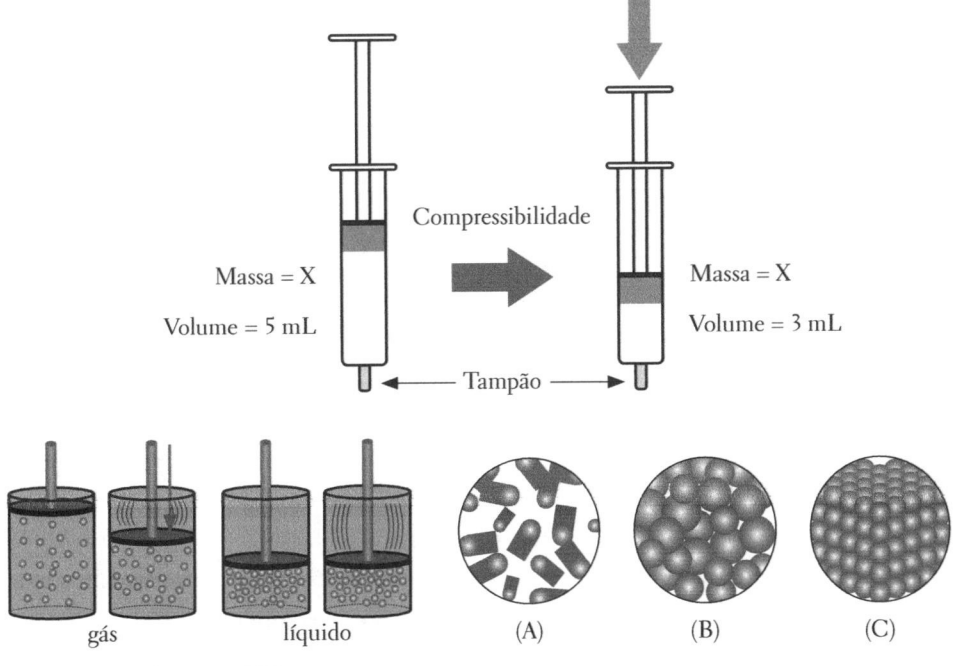

Fonte: Adaptado de Rennó, 2012.

2.10.4 Regime de escoamento permanente e não permanente

No regime de **escoamento permanente**, valores de velocidade e pressão em cada ponto de um sistema de escoamento não apresentam variações com o tempo. Em situações práticas, os escoamentos permanentes são raramente encontrados. No entanto, é possível analisar, com ampla aproximação, grande parte dos problemas de escoamento e de hidráulica com base na observação de um escoamento permanente, conforme ilustra a Figura 2.18.

Figura 2.18 – Exemplo de um escoamento no regime permanente (água)

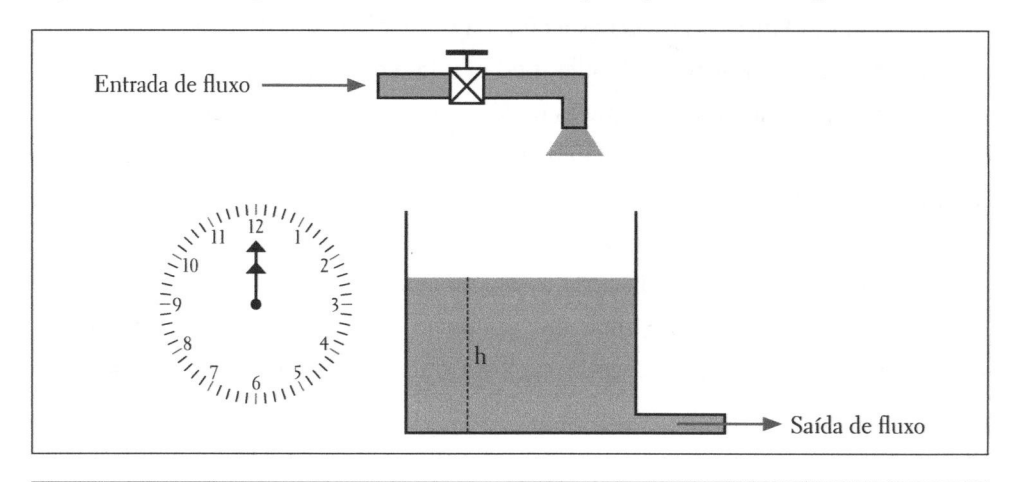

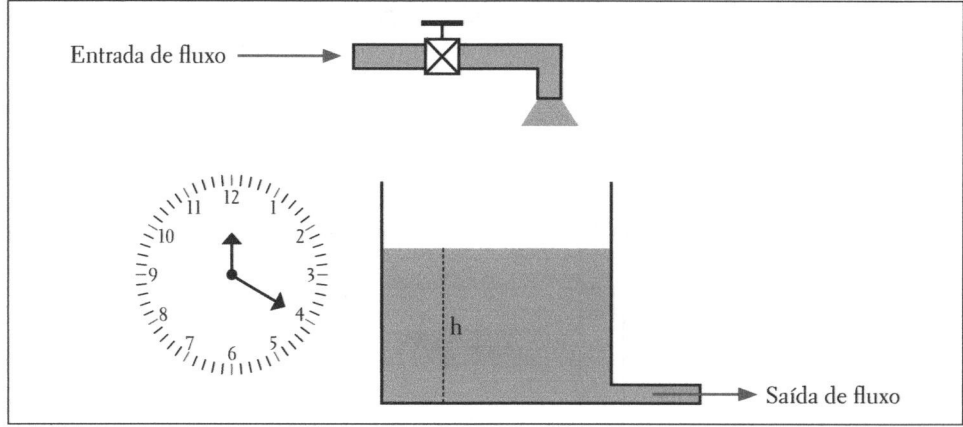

O exemplo mostra que, no regime de escoamento permanente, o fluxo de água é constante, ou seja, não importa em qual instante de tempo será feita a leitura do nível de água no reservatório, a saída de fluxo será sempre a mesma, porque o volume de água que entra no reservatório é sempre o mesmo. Isso é garantido porque a vazão no registro é permanente e, portanto, o regime de escoamento (tanto na entrada como na saída do sistema) é sempre permanente.

No caso de um **escoamento não permanente**, valores de velocidade e pressão variam constantemente em um mesmo intervalo de tempo. Este é o caso de um regime de escoamento mais próximo da realidade, que em muitas situações deve considerar modelos computacionais, capazes de levar em conta a dinâmica com que a velocidade e a pressão no fluido se alteram à medida que o tempo passa (Figura 2.19).

Figura 2.19 – Exemplo de um escoamento no regime não permanente (água)

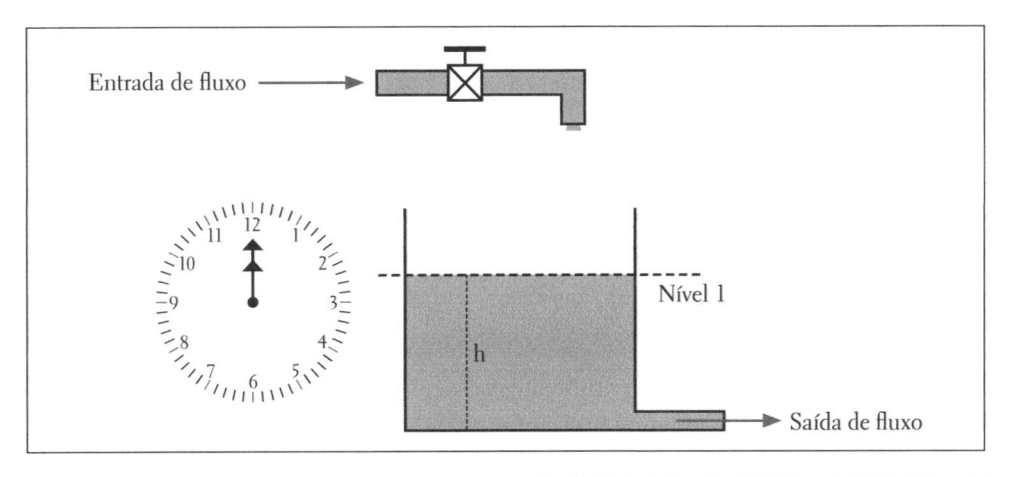

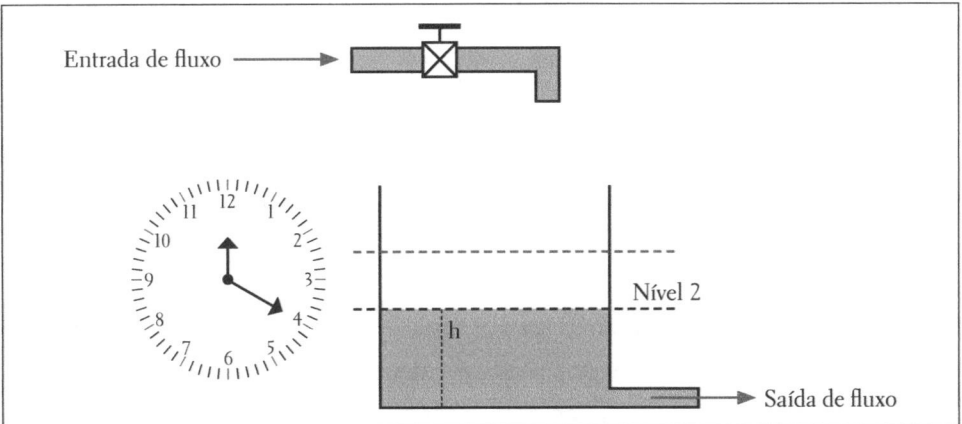

Na Figura 2.19, observamos que o regime de escoamento é não permanente, ou seja, o fluxo de água não é constante; portanto, em instantes diferentes de tempo, também será feita uma leitura do nível de água no reservatório diferente. Em outras palavras, a saída de fluxo se altera porque a quantidade de volume de água que entra no reservatório não é sempre a mesma. Isso acontece porque a vazão no registro não é permanente e, consequentemente, o regime de escoamento (tanto na entrada como na saída do sistema) é sempre não permanente.

-Síntese

Inicialmente, mostramos que o conceito de *hipótese do contínuo* é importante pelo fato de garantir que as leis que se aplicam a determinada molécula em um fluido serão as mesmas em todas as outras moléculas do mesmo fluido. Isso assegura que o entendimento dos fenômenos de escoamento será válido em qualquer momento em que o fluido for estudado.

Escoamentos externos e internos indicam em qual ambiente o fluido está submetido. De maneira geral, em nossa abordagem, consideramos o escoamento em regime fechado, ou seja, o escoamento interno, cujo sistema é um duto ou uma tubulação de forma circular. Este entendimento facilita a aplicação das expressões matemáticas e garante a descrição detalhada da maioria dos escoamentos na natureza e nas indústrias.

Esclarecemos que, para reconhecer se um escoamento é laminar ou turbulento, aplica-se a equação do número de Reynolds. Essa equação satisfaz a representação de escoamentos em dutos circulares, considera a forma geométrica das tubulações e admite uma velocidade de escoamento que, por sua vez, está associada à vazão do fluido. Foi com base na diferença na vazão da água que Reynolds conseguiu determinar essa relação, de modo a caracterizar com certo grau de confiabilidade quando um escoamento é laminar ou turbulento.

Por fim, destacamos que um dos parâmetros mais importantes para os fluidos é a viscosidade, que carrega a informação do grau de aderência interna do deslocamento dos fluidos. Em geral, fluidos que apresentam um elevado valor de viscosidade (fluidos viscosos) apresentam perdas de energia que podem comprometer a capacidade de escoamento.

Um fluido pode ser classificado de acordo com o tipo de escoamento. Quando o escoamento é incompressível, não há mudanças no valor da massa específica em determinado tempo; quando o escoamento é compressível, há mudança no valor da massa específica em determinado tempo. Ambos os tipos de escoamento ainda podem receber duas subclassificações: viscoso e não viscoso, permanente e não permanente.

Tendo tudo isso em vista, devemos ressaltar que a interpretação da compressibilidade ou não de um fluido está associada ao número de Reynolds, o qual permite analisar um problema que envolve escoamento já na sua primeira leitura. Determinar se o escoamento é laminar ou turbulento é fundamental para classificarmos os escoamentos.

Ainda não há um consenso sobre a classificação dos escoamentos, no entanto, de forma geral, a classificação pode ser feita com base nas seguintes categorias:

- permanente ou não permanente;
- viscoso ou não viscoso;
- compressível ou incompressível;
- líquido ou gasoso.

Questões para revisão

1. Descreva como são caracterizados os escoamentos laminar e turbulento. Inclua em sua descrição as variáveis de que essa classificação depende.

2. Quais as classificações de escoamento? Cite um exemplo para cada caso.

3. A hipótese do contínuo é um artifício conceitual que garante a aplicabilidade das leis da física sobre os fluidos, admitindo que:
   a) o espaço entre as moléculas do fluido são inevitáveis.
   b) a diferença de espaço entre as moléculas não deve ser considerada.
   c) não existem vazios entre uma molécula e outra.
   d) não existem moléculas entre uma região e outra do espaço.

4. A classificação de escoamento considera que existem fluidos que são:
   a) compressíveis e isolados não viscosos.
   b) compressíveis e isolados viscosos e não viscosos.
   c) compressíveis e incompressíveis e não viscosos, somente.
   d) compressíveis e incompressíveis e não viscosos e viscosos.
   e) compressíveis e isolados incompressíveis.

5. O parâmetro mais importante para classificar o escoamento de um fluido é:
   a) a densidade.
   b) a variação de volume com o tempo.
   c) a taxa de variação da densidade pelo tempo.
   d) a taxa de variação da densidade pela massa específica.
   e) a taxa de variação da massa específica pelo tempo de escoamento.

6. Elabore uma definição própria sobre os conceitos de *linha de corrente* e *volume de controle*. Compare suas respostas com as de seus colegas e discuta as diferenças.

7. Considere cada um dos seguintes escoamentos e indique se pode ser classificado como escoamento uni, bi ou tridimensional ou, ainda, como escoamento uniforme:
   a) Escoamento de uma tubulação vertical batendo em uma parede horizontal.
   b) Escoamento de ondas do oceano perto de uma praia.
   c) Escoamento ao redor de um foguete com um nariz rombudo.
   d) Escoamento ao redor de um automóvel.
   e) Escoamento perto da entrada de um tubo.

f) Escoamento em um canal de irrigação.

g) Escoamento através de uma artéria.

h) Escoamento através de uma veia.

8. Informe se cada um dos escoamentos do exercício anterior pode ser considerado como essencialmente não viscoso ou viscoso.

9. O rio Red Cedar flui calmamente através do *campus* da Universidade Estadual de Michigan. Em certa seção, a profundidade é de 0,8 m e a velocidade média é de 0,2 m/s. Dado que $\upsilon = 1{,}4 \cdot 10^{-5}$ m²/s, indique se o escoamento é laminar ou turbulento.

10. Um líquido escoa por uma tubulação de dimensões desconhecidas. A velocidade de escoamento é de 4 m/s.
    Considerando que $\upsilon = 1{,}7 \cdot 10^{-5}$ m²/s, o escoamento é laminar ou turbulento?

Para saber mais

Para aprofundar seus estudos sobre o tema do capítulo, sugerimos os seguintes materiais:

BRASILIENSE, A.; ORIANO, M.; FABRE, S. **Escoamento**. 13 nov. 2012. Disponível em: <https://www.youtube.com/watch?v=CXVNfSiFxio&list=PLS5s 9kJE7w P2GkBeCLnAsRq NdmOSdOX10&index=36>. Acesso em: 20 jun. 2017.

MATEUS, D. R.; VIEIRA, L. C. **Escoamento em regime laminar vs turbulento num cilindro**. 25 jun. 2012. Disponível em: <https://www.youtube.com/watch?v=GwE47PT_ows>. Acesso em: 20 jun. 2017.

POTTER, M. C.; WIGGERT, D. C. **Mecânica dos fluidos**. São Paulo: Thompson Learning, 2004. Cap. 3. p. 71-95.

> ## Curiosidades
> **GOLPE DE ARÍETE**
> O golpe de aríete pode gerar um grande impacto, forte o suficiente para danificar instantaneamente uma válvula, etc. [...]
>
> Ao tentar impedir o golpe de aríete, é importante determinar a sua localização e duração, mas é ainda mais importante estabelecer a sua causa mais provável.
>
> Dois conselhos que você pode ouvir no local de trabalho são: 'Feche a válvula de bloqueio imediatamente se ocorrer o golpe de aríete.' e 'Acione a válvula de parada lentamente'.
>
> O fechamento imediato da válvula irá cortar o fluxo de vapor, e o golpe de aríete pode cessar. Acionar a válvula lentamente, por outro lado, tem dois objetivos:
> - Diminuir o fluxo de vapor, o que enfraquece a força da inércia e, assim, enfraquece os impactos que ocorrem no interior das tubulações;
> - Evitar a geração súbita de condensado, o que limita a quantidade de condensado gerada por unidade de tempo.
>
> Ao abrir lentamente a válvula de bloqueio, o condensado não pode fluir tão rapidamente. Isso pode ajudar a prevenir o primeiro tipo de golpe de aríete, causado por condensado em alta velocidade que colide nas tubulações, etc.

Fonte: TLV, 2017.

capítulo 3

Conteúdos do capítulo.

- Conversão entre as unidades de temperatura.
- Massa específica, densidade, peso específico e pressão dos fluidos.
- Conceito de *atmosfera padrão*.
- Manometria.
- Equação da hidrostática.
- Equação do empuxo.

Após o estudo deste capítulo, você será capaz de:

- calcular as distribuições de pressão e forças atuantes em um fluido estático;
- resolver problemas de hidrostática;
- perceber a variação de pressão como resultante do peso específico;
- realizar a transformação de diferentes unidades de temperatura;
- distinguir as principais propriedades dos fluidos: massa específica, densidade, peso específico e pressão;
- resolver a equação da hidrostática;
- definir uma atmosfera padrão;
- identificar alguns tipos de manômetro;
- calcular o empuxo de objetos imersos em um fluido.

Equações básicas dos fluidos

Neste capítulo, apresentaremos as principais propriedades dos fluidos: massa específica, densidade, peso específico e pressão. Esta última é uma das grandezas mais importantes para a mecânica dos fluidos e, consequentemente, para os fenômenos de transporte. Por isso, daremos especial atenção a esse conceito e mostraremos como os fluidos, sob certas condições, podem ser divididos em estáticos e hidrostáticos.

Na sequência, examinaremos o conceito de *atmosfera padrão*. Outro ponto a ser abordado, de aplicação bastante útil para as indústrias, é o uso de manômetros. Embora o estudo proposto neste capítulo seja apenas uma demonstração de algumas das funcionalidades dos manômetros, o princípio é o mesmo em todos os dispositivos que se utilizam de um fluido imiscível.

Trataremos também do densímetro, um equipamento destinado a medir a densidade relativa de líquidos por meio do princípio da flutuabilidade. Destacaremos ainda que, em geral, os densímetros têm uma haste calibrada e que, ao serem mergulhados em um líquido, registram o valor da densidade relativa daquele fluido.

> *Fenômenos da natureza para um estudo de caso*
>
> Você sabe qual é a diferença entre densidade e massa específica? O que ambas as definições têm em comum? O estudo da pressão é fundamental para os diversos tipos de escoamento dos fluidos. Contudo, existem conceitos diferentes para pressão absoluta e pressão efetiva. Qual é a diferença entre essas definições? E o que dizer sobre as pressões definidas como manométricas e vacuométricas? Por que a pressão varia somente com a altura e não depende da velocidade de escoamento? O que distingue uma atmosfera padrão de outras atmosferas? As indústrias petroquímica e têxtil, por exemplo, utilizam dispositivos capazes de identificar diferentes propriedades dos fluidos, como a massa específica. Você seria capaz de dizer que dispositivo é esse e qual é o princípio de funcionamento dele? Como as correntes oceânicas são rastreadas? E como podem os cientistas deduzir a profundidade dos oceanos? Por que as pessoas mais altas tendem a sofrer mais de varizes?

3.1
Propriedades dos fluidos

Entre as propriedades mais importantes para o estudo de fenômenos de transporte, destacam-se a massa específica, a densidade, o peso específico e a pressão, conceitos dos quais trataremos a seguir. Grandezas físicas, como temperatura e volume, apresentam um conceito bem conhecido na termodinâmica e, por vezes, usaremos essas duas grandezas como complemento nos problemas, não sendo necessário defini-las em detalhes.

3.1.1 Massa específica

A massa específica de um fluido é uma propriedade intrínseca: todos os fluidos têm um valor de massa específica que está associado à razão entre a massa daquele fluido e o volume ocupado por ele. Por definição, a massa específica é representada por uma taxa de variação da massa (m) em [kg] e pelo volume (V) em [m³], conforme apresentado na Equação 3.1.

Equação 3.1 – Massa específica de um fluido em [kg/m³]

$$\rho = \frac{dm}{dV}$$

As massas específicas de algumas substâncias são conhecidas e foram obtidas a uma temperatura de aproximadamente 20 °C (considerada como temperatura ambiente). A massa específica dos líquidos é quase constante: a da água (em torno de 1.000 kg/m³) aumenta somente 1% quando a pressão é aumentada por um fator de 220. Dessa forma, considera-se a maioria dos escoamentos de líquidos como um escoamento incompressível. Nas figuras a seguir, apresentamos alguns valores usuais de massa específica em [kg/m³].

Importante
Quando um fluido está a uma temperatura diferente de 20 °C e diferente da pressão atmosférica ao nível do mar de 101,32 kPa, deve-se recalcular o valor da massa específica usando a Equação 3.3.

Gráfico 3.1 – Massa específica de gases em condições normais de temperatura e pressão (a 20 °C e 101,23 kPa)

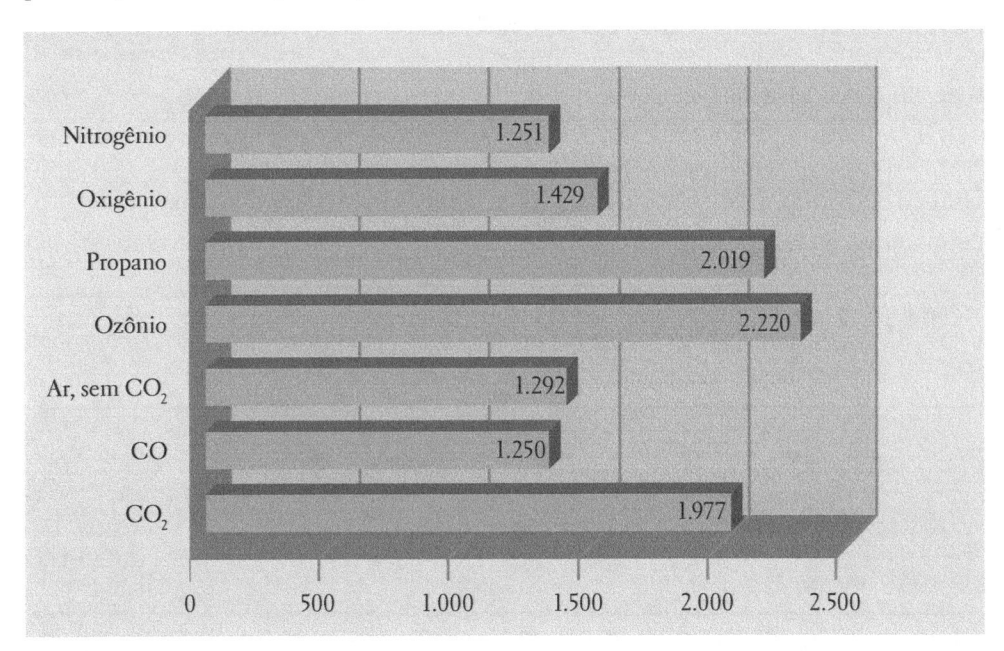

Gás	Massa específica (kg/m³)
Nitrogênio	1.251
Oxigênio	1.429
Propano	2.019
Ozônio	2.220
Ar, sem CO_2	1.292
CO	1.250
CO_2	1.977

Fonte: Adaptado de White, 2011, p. 536.

Gráfico 3.2 – Massa específica de líquidos em condições normais de temperatura e pressão (a 20 °C e 101,23 kPa)

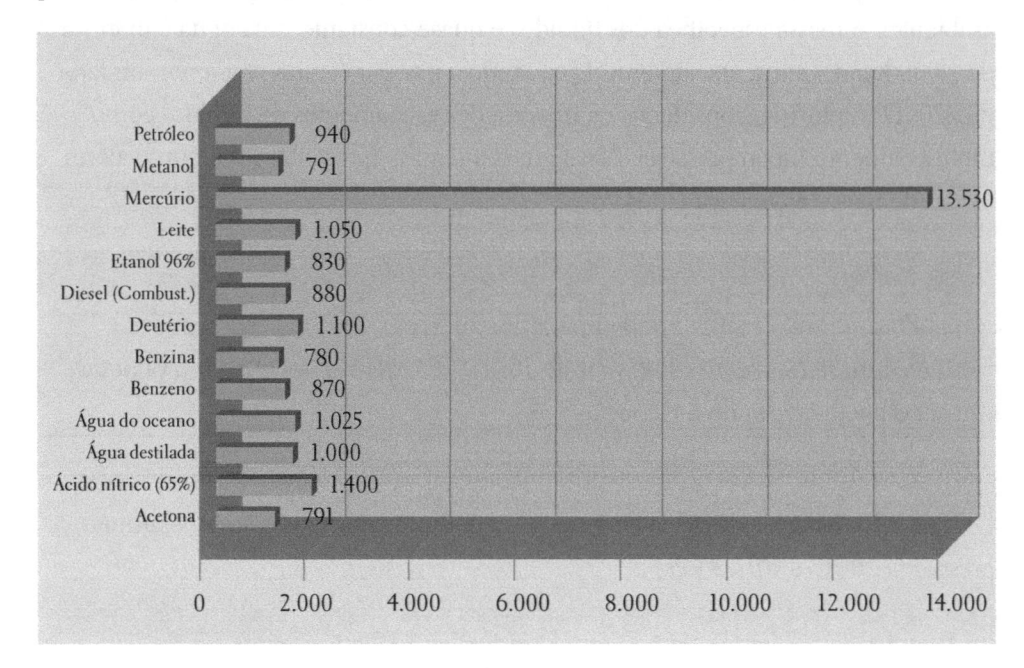

Líquido	Massa específica
Petróleo	940
Metanol	791
Mercúrio	13.530
Leite	1.050
Etanol 96%	830
Diesel (Combust.)	880
Deutério	1.100
Benzina	780
Benzeno	870
Água do oceano	1.025
Água destilada	1.000
Ácido nítrico (65%)	1.400
Acetona	791

Fonte: Adaptado de White, 2011, p. 536.

Gráfico 3.3 – Massa específica de alguns materiais em condições normais de temperatura e pressão (a 20 °C e 101,23 kPa)

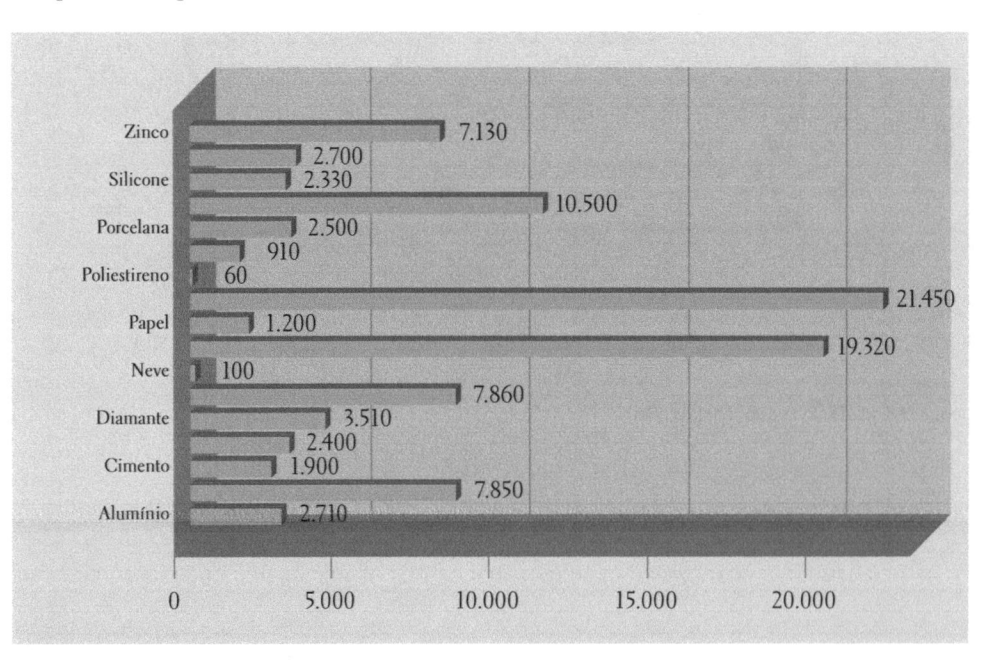

Material	Massa específica
Zinco	7.130
	2.700
Silicone	2.330
	10.500
Porcelana	2.500
	910
Poliestireno	60
	21.450
Papel	1.200
	19.320
Neve	100
	7.860
Diamante	3.510
	2.400
Cimento	1.900
	7.850
Alumínio	2.710

Fonte: Adaptado de White, 2011, p. 536.

3.1.2 Densidade

A densidade como a conhecemos, particularmente nas áreas tecnológicas, apresenta uma definição diferente daquela que, em geral, se aprende no ensino médio. Para a engenharia, o conceito de densidade se refere a uma razão entre as diferentes massas específicas dos fluidos envolvidos na análise. Primeiramente, a densidade passa a ser conhecida pela grandeza (SG), do inglês *Specific Gravity*. Por definição, trata-se da razão entre a **massa específica** (ρ_{sub}) da substância e a **massa específica do fluido** (ρ_{fluido}) – caso a substância em questão esteja no estado líquido. Já se a substância estiver no estado gasoso, então a massa específica do fluido será (ρ_{ar}). Em ambos os casos, a massa específica do fluido será dada em [kg/m³], conforme a Equação 3.2.

Equação 3.2 – Definição da densidade (SG)

$$SG = \frac{\rho_{sub}}{\rho_{fluido}}$$

Quanto ao ρ_{fluido}, se líquido, será 1.000 kg/m³; se gasoso, será 1,23 kg/m³.

3.1.3 Peso específico

Outro parâmetro dos fluidos é o peso específico (γ) em [N/m³] (Equação 3.3), que representa o produto da **massa específica** (γ) pela **gravidade** (g) local.

Equação 3.3 – Peso específico de um fluido

$$\gamma = \rho \cdot g$$

Sendo g = 9,807 m/s² e considerando 1 atm de pressão atmosférica, temos: γ_{ar} = (1,205 kg/m³) · (9,807 m/s²) = 11,8 N/m³; $\gamma_{água}$ = (998 kg/m³) · (9,807 m/s²) = 9.790 N/m³.

3.1.4 Pressão

Um dos parâmetros mais importantes para o estudo de fenômenos de transporte é a pressão (p). Sempre que um fluido, estando ele estático ou em movimento, sofre uma tensão de compressão, pode-se dizer que sobre ele está sendo exercida uma pressão (p). A pressão em questão pode ser a pressão sobre um fluido, a pressão de um fluido sobre a superfície de uma tubulação ou mesmo a pressão atmosférica. Sua definição tem origem na física clássica e está representada na Equação 3.4.

Equação 3.4 – Pressão (p) definida como a razão entre força e área

$$p = \frac{\Delta F}{\Delta A}$$

Nessa equação, (ΔF) é a força em [N] que age sobre o fluido em determinada área (ΔA) em [m²]. Consequentemente, podemos escrever a pressão como [N/m²] ou Pascal [Pa].

Figura 3.1 – Distribuição de força por unidade de área, igual à pressão

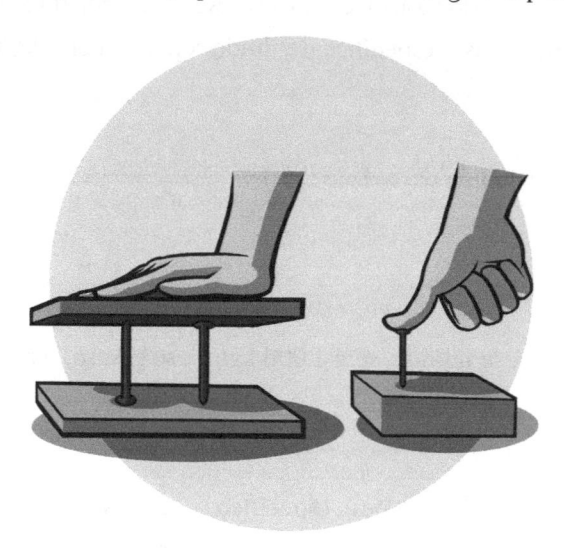

Adriano Pinheiro

Conforme mencionamos anteriormente, quando a temperatura de um fluido é diferente de 20 °C, admitindo-se condições normais de temperatura e pressão, a massa específica do fluido deve ser recalculada usando-se a Equação 3.3.

A Equação 3.5 é uma forma alternativa de calcular a pressão – ou qualquer uma de suas variáveis no lado direito da equação –, sendo usada principalmente pela termodinâmica e em gases ideais.

Equação 3.5 – Pressão (p) definida como função da massa específica

$$p = \rho \cdot R \cdot T$$

Nessa equação, (p) é a pressão absoluta em [Pa], (ρ) é a massa específica em [kg/m³], (T) é a temperatura do sistema em [K] e (R) é a constante dos gases ideais, com valor de 286,9 J/kg · K.

Para transformações isotérmicas[1], em condições nas quais o fluido é submetido a um estado de compressibilidade, a pressão é resultado de um volume

[1] A transformação isotérmica ocorre no processo termodinâmico de um gás ideal, e a temperatura permanece constante durante todo o processo. Também recebe o nome de *Lei de Boyle-Mariotte*.

variável – pressão e volume iniciais podem ser diferentes de pressão e volume finais. Em resumo, quando a **temperatura** de uma amostra de gás **permanece constante**, sua **variação de volume** é **inversamente proporcional** a sua **variação de pressão**.

Equação 3.6 – Relação entre pressão e volume de um fluido em um processo isotérmico

$$p_1 \cdot V_1 = p_2 \cdot V_2$$

Nesse caso, (p_1) e (V_1) são a pressão e o volume iniciais e (p_2) e (V_2) são a pressão e o volume finais, em $[m^3]$.

3.2
Equação da hidrostática

Também conhecida como *equação de Stevin-Pascal*, a equação da hidrostática é a primeira das equações de fluidos, além de ser uma das mais usadas para descrever os fenômenos associados às propriedades dos fluidos (pressão, massa específica e volume). Tente imaginar um fluido submetido, de forma resumida, a duas forças: forças de campo $(\vec{F}_c)$ e forças de superfície $(\vec{F}_s)$, ambas responsáveis pela estrutura de ligação na superfície de qualquer fluido.

Portanto:

$$d\vec{F}_c = m \cdot \vec{a}$$

$$d\vec{F}_c = dm \cdot \vec{g}$$

$$d\vec{F}_c = \rho \cdot dV \cdot g \quad (1)$$

$$d\vec{F}_s = -\nabla p \cdot dx \cdot dy \cdot dz \quad (2)$$

A força hidrostática sobre um fluido é a soma das forças descritas pelas equações (1) e (2). A primeira equação é uma descrição da força de campo, na qual a massa específica e a variação de volume estão relacionadas à gravidade. Ela serve para representar esse campo de força em volta dos pacotes de informação do fluido. A segunda equação representa a relação entre a pressão e as variações nos três sistemas de coordenadas que o pacote de informação do fluido pode sofrer.

Consideram-se a relação $\nabla p = \dfrac{\partial p}{\partial x} + \dfrac{\partial p}{\partial y} + \dfrac{\partial p}{\partial z}$ e as taxas de variações parciais da pressão em cada uma das coordenadas separadamente. Esse operador é o **gradiente da variável** *pressão* (p).

$$d\vec{F} = d\vec{F}_s + d\vec{F}_c$$

$$d\vec{F} = (-\nabla p \cdot dx \cdot dy \cdot dz) + \rho \cdot g \cdot dV$$

Lembre-se que (dV) é uma taxa de variação do volume, ou seja, o produto das variações nos três sistemas de coordenadas deve ter dimensão de [m³]. Como esse termo é igual para as duas parcelas na equação anterior, então:

$$d\vec{F} = (-\nabla p + \rho \cdot g)\, dx \cdot dy \cdot dz$$

Estamos tratando do estado no qual o fluido está parado, ou seja, estático – daí o termo *hidrostática* (em grego, *hidros* é "água" e *statikos* significa "em equilíbrio"). Então, o termo da esquerda na próxima equação deve ser igual a zero.

$$0 \leftarrow \frac{d\vec{F}}{dV} = -\nabla p + \rho \cdot g$$

Assim:

$$\nabla p = \rho \cdot g$$

No entanto, como a aceleração da gravidade age somente na direção do eixo (z), serão desconsiderados os eixos (x) e (y). Assim: $\frac{\partial p}{\partial x} = \frac{\partial p}{\partial y} = 0$.

$$\nabla p = \frac{\partial p}{\partial x} + \frac{\partial p}{\partial y} + \frac{\partial p}{\partial z}$$

Figura 3.2 – Gravidade agindo somente no eixo z

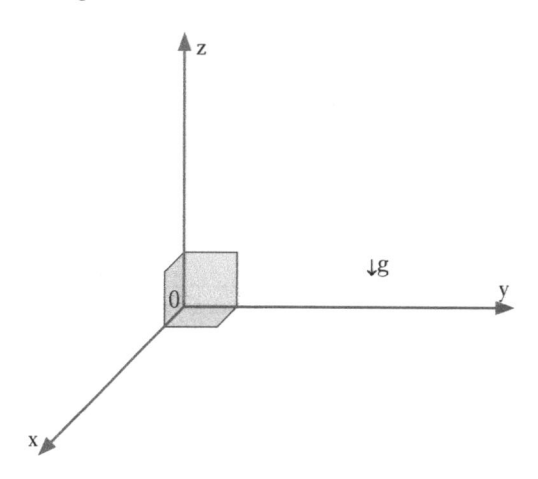

Reescrevendo, temos:

$$\frac{\partial p}{\partial z} = \rho \cdot g$$

Com base nessa relação, podemos encontrar a variação de pressão no fluido ou a diferença de pressão entre dois pontos, os quais podem referir-se cotidianamente, por exemplo, à rede de água das residências, à pressão arterial ou a um corpo mergulhado em uma piscina. Considere a Figura 3.3.

Figura 3.3 – Cilindro com água: pressões e alturas iniciais e finais

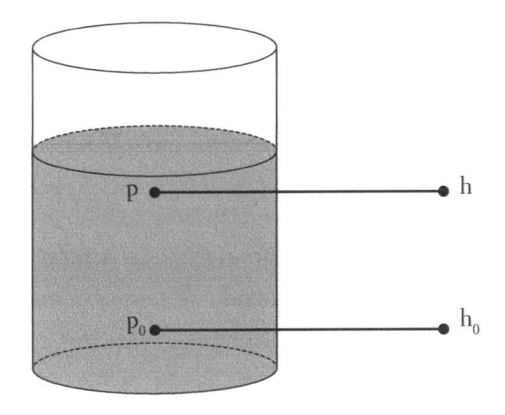

Nessa figura, (h) é a altura final do fluido no sistema, (h_0) é a altura inicial, (p) é a pressão final e (p_0) é a pressão inicial. Tomamos a equação anterior e a integramos em ambos os lados, fazendo os limites de integração variar entre os parâmetros iniciais e finais (mostrados na Figura 3.3). Assim:

$$-\int_{p_0}^{p} dp = \int_{h_0}^{h} \rho \cdot g \cdot dz$$

Resolvendo, temos:

$$\left|-(p-p_0)\right| = \rho \cdot g (h - h_0)$$

A diferença de pressão ou variação de pressão (Δp) em [Pa] é obtida como função de uma variação da altura do fluido (h) em [m]. Dessa forma, obtém-se a equação da hidrostática.

Equação 3.7 – Equação da hidrostática

$$\Delta p = \rho \cdot g \cdot \Delta h$$

Examinando a Equação 3.7, podemos destacar um caso especial: os termos de aceleração e os viscosos anulam um ao outro, e a pressão (p) depende somente da gravidade (g) em [m/s^2] e da massa específica em [kg/m^3]. Esta, aliás, é a **condição hidrostática**.

> Estabelecemos as seguintes conclusões sobre a condição hidrostática: a pressão em um fluido estático e uniforme varia apenas com a distância vertical e independe da forma do recipiente. A pressão é a mesma em todos os pontos sobre determinado plano horizontal que contenha o fluido. A pressão aumenta somente com a profundidade do fluido (White, 2011).

3.3
Carga de pressão

A equação da hidrostática, abordada anteriormente, evidencia que há uma relação entre a altura e a pressão em um fluido. Por definição, a relação entre a pressão em determinado ponto em um fluido em unidade de comprimento, dada em [Pa], e o peso específico em [N/m^3] será conforme a equação abaixo.

Equação 3.8 – Equação carga de pressão

$$h = \frac{p}{\gamma}$$

A variável (h) representa a carga de pressão em [m]. A relação mostrada na equação é mais evidente quando há um sistema que apresenta certa profundidade ou altura (h).

Tome como exemplo uma tubulação na qual escoa um fluido com peso específico conhecido à pressão (p). Considerando-se um diâmetro da tubulação muito pequeno, pode-se admitir que a pressão em todos os pontos da seção transversal será aproximadamente a mesma. Ao se abrir um orifício no conduto, é possível observar que a pressão interna, maior que a externa, empurra o líquido para cima. Se esse jato fosse canalizado por meio de outro sistema de tubo, o líquido subiria até uma altura (h). A altura da coluna de líquido sobe até se equilibrar com a pressão (p) do conduto e, então, a altura (h_{coluna}) pode ser calculada a partir da Equação 3.8 (Brunetti, 2008).

3.4
Atmosfera padrão

A atmosfera padrão é definida considerando-se o ar seco e puro, além da possibilidade de se descrever o comportamento da massa específica (ρ) como função da altura (z). Temos, então, $\rho = \rho(z)$. Integramos à equação que define a pressão, em relação ao decréscimo de (ρ), uma linha vertical (Figura 3.4).

Figura 3.4 – Orientação da coordenada (z), representando a altura

Os gases, em geral, apresentam um escoamento compressível, com uma densidade aproximadamente proporcional à pressão. Portanto, a massa específica deve ser considerada como uma variável, e a equação geral dos gases (Equação 3.3) deve ser usada para as relações a seguir.

O cálculo para uma atmosfera padrão é baseado em uma temperatura de 288 K (15 °C) e na constante $\alpha = 0{,}0065$ K/m. Com base nisso, é possível calcular a temperatura de uma atmosfera de z = 100 m de altura, por exemplo.

Equação 3.9 – Equação do comportamento da temperatura para uma atmosfera padrão

$$T_z = T_0 - \alpha \cdot z$$

Considerando a equação da hidrostática (Equação 3.7), isolamos a massa específica da Equação 3.3 e substituímos o dado na expressão $\nabla p = \rho \cdot g$. Assim, temos:

$$\frac{dp}{dz} = -\rho \cdot g = -\frac{p \cdot g}{R \cdot T_z}$$

$$\frac{dp}{p} = -\frac{g}{R \cdot T_z} dz$$

Integrando ambos os lados da equação, temos:

$$\int_{P_{N\cdot M}}^{p} \frac{dp}{p} = -\frac{g}{R} ; \int_{0}^{h} \frac{dz}{T_0 - \alpha \cdot z}$$

Resolvendo, temos:

$$\ln\left(\frac{p}{p_{N.M}}\right) = \frac{g}{R \cdot \alpha} \cdot \ln\left(\frac{T_0}{T_0 - \alpha \cdot z}\right)$$

Aplicando uma exponencial (e) em ambos os lados, a fim de eliminar o logaritmo natural, o resultado será a Equação 3.10.

Equação 3.10 – Equação da pressão para uma atmosfera padrão

$$p = p_{atm} \cdot \left(\frac{T_0}{T_0 - \alpha \cdot z}\right)^{\frac{g}{R \cdot \alpha}}$$

A Equação 3.10 é válida para o cálculo da pressão em qualquer ponto da atmosfera que não seja superior a 15 km de altura, desde que o ponto para o qual se deseja saber a pressão final esteja acima do nível do mar – isso porque algumas variáveis devem ser consideradas padrão. São elas: $\alpha = 0{,}0065$ K/m, $T = 288$ K e $p_{atm} = 101{,}32$ kPa. (R) é a constante dos gases ideais em [J/(kg · K)] e (z) é a altitude considerada em [m], desde que não seja superior a 15 km. Assim, a partir do nível do mar, a pressão na atmosfera padrão pode ser calculada com base na Equação 3.10 (Figura 3.5).

Figura 3.5 – Pressão na atmosfera padrão a partir do nível do mar

Para calcularmos a pressão entre dois pontos, um acima do nível do mar e outro a uma altura que não seja superior a 15 km a partir do nível do mar, fazemos a seguinte consideração:

$$\int_{p_0}^{p} \frac{dp}{p} = -\frac{g}{R \cdot T} \cdot \int_{0}^{h} dz$$

$$\ln\left(\frac{p}{p_{atm}}\right) = \frac{g}{R \cdot T} \cdot (h_0 - h)$$

Chegamos, assim, à relação expressa na Equação 3.11.

Equação 3.11 – Equação da pressão de uma atmosfera padrão para diferentes pontos acima do nível do mar

$$p = p_{atm} \cdot e^{\frac{g}{R \cdot T} \cdot (h_0 - h)}$$

Para que a equação seja válida, é preciso considerar que o ponto em que se deseja calcular a pressão atmosférica está acima do nível do mar (h_0). O segundo ponto está a uma altura (h) em [m], conforme a Figura 3.6.

Figura 3.6 – Pressão na atmosfera padrão em qualquer altitude acima do nível do mar

Nesse caso, devemos considerar: a (p_{atm}) ao nível do mar é 1 atm = 101,32 kPa (padrão EUA ao nível do mar) = 1.012,32 hPa (Hectopascal) = 1,01232 bar = 14,7 psi (libra por polegada quadrada) = 760 mmHg = 10,17 mca (metro de coluna de água – mH_2O).

3.5 Manometria

> [2] Do grego μανός, *manós*, que significa "frouxo", "ligeiramente denso", e μέτρον, *métron*, que significa "medida".

Manômetros[2] são dispositivos usados para medir a pressão de um reservatório ou de uma tubulação, a fim de identificar, parametrizar e analisar sistemas com diferentes pressões em fluidos que apresentem massas específicas diferentes. Geralmente, ele é empregado nas indústrias. Porém, para pequenas variações de pressão, a leitura é difícil de ser realizada; nesses casos, é necessário utilizar dois líquidos com massas específicas próximas. Esse processo ajuda a melhorar a sensibilidade da leitura do manômetro. Portanto, modificando-se o projeto de um manômetro e alterando-se suas dimensões (ou utilizando-se dois líquidos com massas específicas diferentes), é possível realizar uma leitura mais precisa da pressão no interior de um sistema.

3.5.1 Pressão efetiva e absoluta

Na escala de pressão, se adotarmos a pressão atmosférica local como nula (zero), a pressão absoluta será igual à pressão efetiva. Considerando a Equação 3.11, podemos concluir que:

$$p = p_0 + \rho \cdot g \cdot h$$

Ou seja, pressão absoluta = pressão atmosférica + pressão efetiva.

instrumentos de pressão não registram a pressão absoluta, mas a pressão efetiva entre a pressão do fluido e a atmosfera, isso recebe o nome de *pressão vacuométrica*. Resumindo:

1. $p > p_a$ – **pressão manométrica**: p(manométrica) = $p - p_a$
2. $p < p_a$ – **pressão vacuométrica**: p(vacuométrica) = $p_a - p$

Os manômetros medem a pressão efetiva de um fluido em um tubo graduado. Se o tubo estiver aberto em uma das extremidades, todas as pressões em seu interior se igualarão a zero. Se a extremidade estiver fechada, todas as pressões no seu interior se igualarão à pressão (p) da extremidade fechada, que em geral é desconhecida.

Descreveremos, a seguir, o procedimento para encontrar a pressão por meio da técnica da manometria para dois tipos de manômetro: em forma de U e inclinado. O manômetro mais simples é conhecido como *piezômetro*.

3.5.2 Manômetros em U

Sabe-se que líquidos em um tubo, estando no mesmo nível, suportam pressões iguais; portanto, o trabalho (a força) de um líquido sobre o outro pode ser determinado pela relação entre um ou mais fluidos do sistema hidrostático.

Método de resolução: começando pelo lado esquerdo, somamos as pressões descendentes e subtraímos as ascendentes.

Figura 3.7 – Exemplo de um manômetro em U com um único líquido

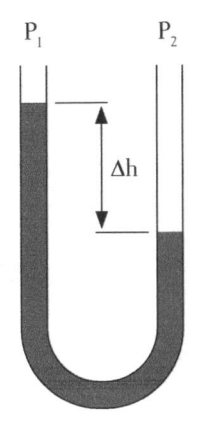

Considerando a água como o fluido manométrico da Figura 3.7 e usando a equação anterior, temos:

$p_a = \gamma_{H_2O} \cdot h$

Figura 3.8 – Exemplo de um manômetro em U com mais de um líquido

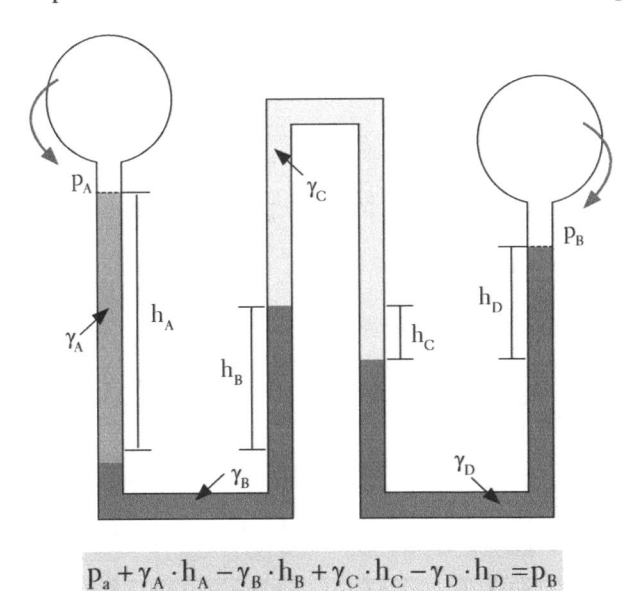

$p_a + \gamma_A \cdot h_A - \gamma_B \cdot h_B + \gamma_C \cdot h_C - \gamma_D \cdot h_D = p_B$

Se a extremidade direita da Figura 3.8 for aberta para a atmosfera, basta igualar a equação anterior a zero, em vez de igualar a (p_B).

3.5.3 Manômetros inclinados

Para tubos inclinados, conforme a Figura 3.9, é possível seguir o mesmo raciocínio utilizado com manômetros em U; porém, é necessário considerar nessas situações um ângulo de inclinação.

Figura 3.9 – Exemplo de um manômetro inclinado com mais de um líquido

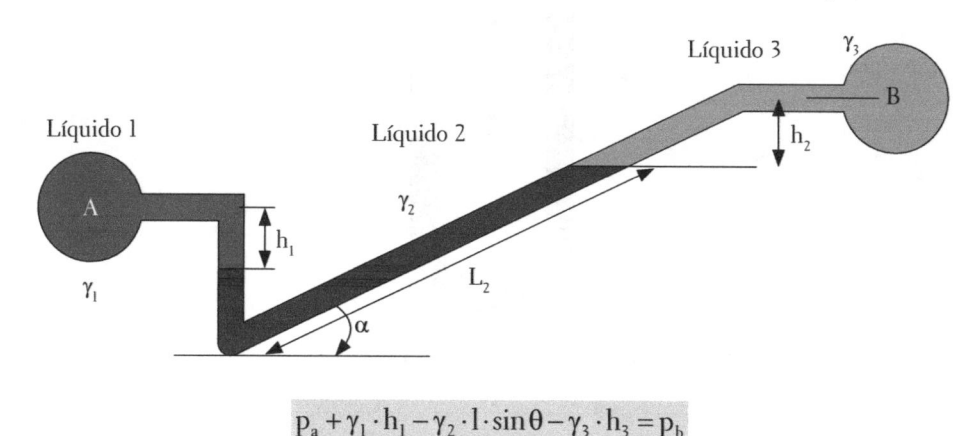

$$p_a + \gamma_1 \cdot h_1 - \gamma_2 \cdot l \cdot \sin\theta - \gamma_3 \cdot h_3 = p_b$$

Para simples análises laboratoriais, é possível desprezar os efeitos da tensão superficial, que é a intensa atração molecular nos fluidos. Essa força atua sobre as moléculas, que passam a agir umas contra as outras de tal forma que surge uma película na superfície do fluido. Os efeitos dessa tensão em tubos curvos, como nos manômetros, formam os **meniscos**, que fazem surgir os efeitos de ascensão ou depressão capilar.

Figura 3.10 – Ascensão capilar (esquerda) e depressão capilar (direita)

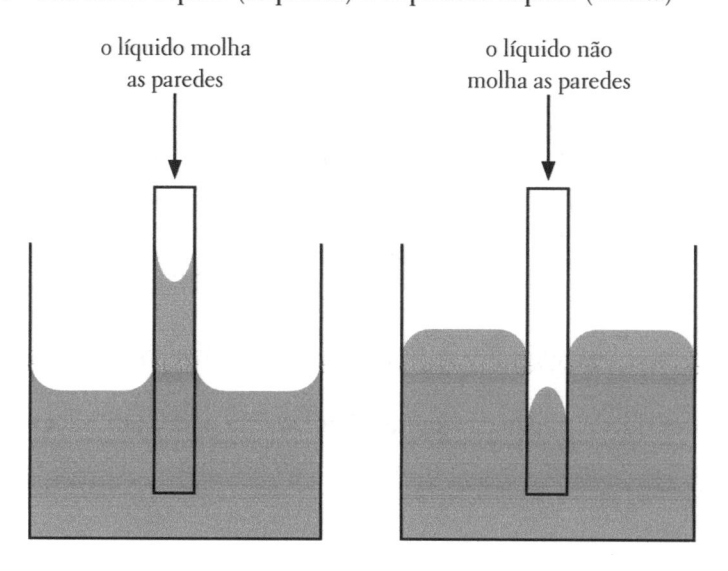

3.6
Empuxo

O empuxo é conhecido também como *princípio de Arquimedes*. Ele nada mais é do que uma força atuante de baixo para cima em um corpo mergulhado em um fluido. Essa força faz com que qualquer corpo fique mais leve, ou seja, os corpos aparentemente perdem um pouco de seu peso (Figura 3.11).

Figura 3.11 – Representação da simulação da força de empuxo

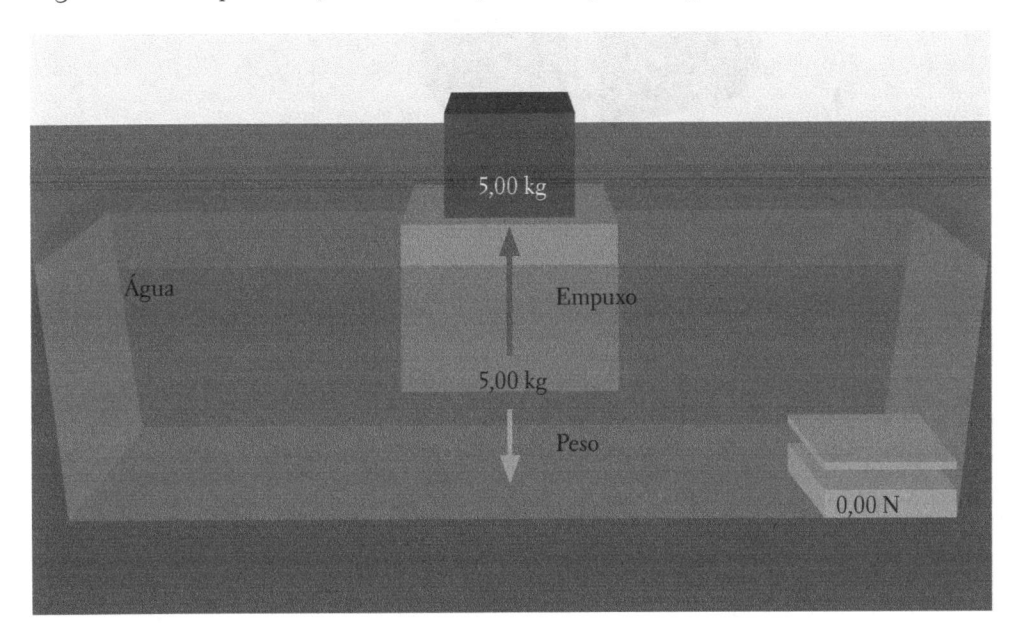

Arquimedes, que viveu no século III a.C., foi um grande geômetra, a quem é atribuída a famosa exclamação: *"Eureca! Eureca!"*. Supostamente, ele teria feito essa afirmação ao correr nu pelas ruas de Siracusa depois de resolver o problema de como pesar as medidas de ouro e de prata em uma coroa.

Segundo a lenda, Arquimedes, ao se deitar em uma banheira, observou a quantidade de água que transbordava e postulou que todo corpo imerso em um fluido está sujeito à ação de uma força vertical de baixo para cima (empuxo), cujo módulo é igual ao peso da quantidade de fluido deslocado.

Assim:
a. se o peso do corpo for maior que a força de empuxo, o corpo afundará;
b. se o peso do corpo for menor que a força de empuxo, o corpo flutuará;
c. se o peso do corpo for igual à força de empuxo, o corpo ficará em equilíbrio, permanecendo total ou parcialmente submerso.

Vamos deduzir uma expressão para calcular a força de empuxo com base nas expressões que já apresentamos. Considere a figura a seguir.

Figura 3.12 – Corpo imerso em um líquido em repouso

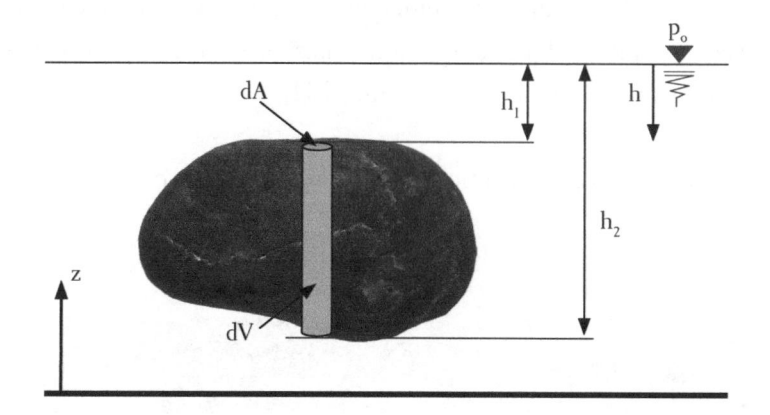

Com base na Figura 3.12, podemos escrever a equação que descreve o empuxo:

$\Delta p = \rho \cdot g \cdot \Delta h \rightarrow p_0 + \rho \cdot g \cdot \Delta h$

Tomamos, depois, a definição de força:
$dF = p \cdot dA$

Substituindo, temos:
$dF = (p_0 + \rho \cdot g \cdot h_2) \cdot dA - (p_0 + \rho \cdot g \cdot h_1) \cdot dA$

$dF = (h_2 - h_1) \cdot dA \cdot \rho \cdot g$

Considerando:
$dV = (h_2 - h_1) \cdot dA$

Logo:
$dF = dV \cdot \rho \cdot g$

Integrando:
$F = \rho \cdot g \int_{V_i}^{V_f} dV$

$F = \rho \cdot g \cdot \Delta V = \rho g V$

Equação 3.12 – Equação do empuxo

$$F_E = \gamma \cdot V$$

Nesse caso, (F_E) é a notação para a força de empuxo, em [N], (γ) é o peso específico [N/m³] e (V) é o volume do objeto ou corpo submerso em [m³]. O peso de um corpo pode ser escrito conforme a equação a seguir.

Equação 3.13 – Equação do peso de um corpo

$$Peso = m \cdot g$$

Eventualmente, um corpo pode ter exatamente o peso e o volume certos, de forma que sua razão seja igual ao peso específico do fluido. Para essas situações, diz-se que o corpo é neutralmente flutuante, permanecendo em repouso em qualquer ponto do fluido.

Partículas muito pequenas e neutralmente flutuantes são usadas na visualização de escoamentos. Um corpo neutralmente flutuante, chamado de *flutuador Swallow* (também conhecido como *flutuador de flutuabilidade neutra*), é usado para rastrear correntes oceânicas. Esse tipo de flutuador permitiu mostrar a presença de fortes correntes profundas no oeste do Atlântico Norte e um fluxo reverso abaixo da Corrente do Golfo.

O flutuador *Swallow* também apresenta a capacidade de emitir sinais sonoros na água. Tais sinais são ouvidos e localizados por equipamentos a bordo de navios, o que torna compreensível aos cientistas como a água flui no fundo dos oceanos. Muitas correntes de superfície, como a Corrente do Golfo, apresentam contracorrentes que, de modo geral, são correntes que fluem sob as correntes de superfície.

Um submarino, por exemplo, pode atingir flutuação positiva, neutra ou negativa, bombeando água através dos tanques de lastros de modo a submergir, emergir ou flutuar.

Transformação de medidas de temperatura

A **temperatura** (T) é uma variável importante para o estudo do comportamento dos fluidos, definida como uma energia que está contida no fluido, seja líquido, seja gasoso. A temperatura é considerada quando se estudam líquidos com diferentes viscosidades e o comportamento dos líquidos e gases dentro de tubulações, as quais podem apresentar um comportamento de expansão em determinadas velocidades ou em certos gradientes de temperatura. Além disso, a temperatura é uma medida do nível interno de energia dos fluidos, podendo sofrer variações consideráveis durante um escoamento, se a velocidade for alta.

É de grande importância para o estudo dos temas de que trataremos na sequência saber transformar as unidades de temperatura, pois no Sistema Internacional de Unidades (SI) a unidade da temperatura é o **Kelvin (K)**, e nem sempre nos problemas a temperatura é fornecida na unidade correta. Assim, é preciso conhecer a técnica de conversão entre as unidades – **Celsius (°C)** ou **Fahrenheit (°F)**.

Vamos, então, considerar o esquema da Figura 3.13.

Figura 3.13 – Método para transformação de temperatura

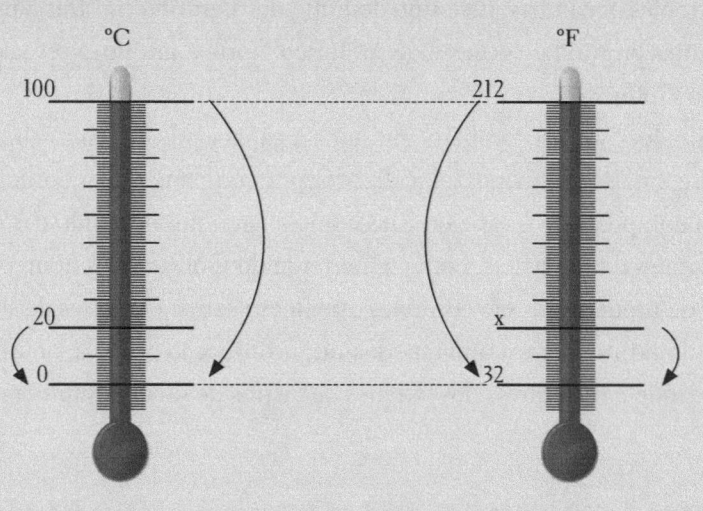

Imagine que temos uma temperatura de 20 °C, conforme a Figura 3.13, e que é preciso fazer uma conversão dessa escala para a unidade Fahrenheit (°F). Para tanto, considerando o esquema representado na figura, escreva em ambas as escalas as temperaturas de ponto de gelo (0 °C e 32 °F) e de ponto de ebulição (100 °C e 212 °F). Em seguida, posicione no termômetro a temperatura conhecida – nesse caso, 20 °C – e, no termômetro da escala em Fahrenheit, indique a temperatura desconhecida, com a incógnita (x), por exemplo. Então, observe os passos a seguir.

1. Na escala Celsius:
   Calcule o valor conhecido menos o ponto de gelo, dividido pelo ponto de ebulição menos o ponto de gelo.
2. Na escala Fahrenheit:
   Calcule o valor desconhecido menos o ponto de gelo, dividido pelo ponto de ebulição menos o ponto de gelo.

$$\frac{20-0}{100-0} = \frac{x-32}{212-32}$$

$$\frac{20}{100} = \frac{x-32}{180} \Rightarrow 0,2 \cdot 180 + 32 \Rightarrow x = 68 \,°F$$

O resultado obtido será a transformação de graus Celsius para graus Fahrenheit.

-Síntese

Destacamos, inicialmente, que a massa específica de um fluido é uma propriedade intrínseca: todos os fluidos apresentam um valor de massa específica que está associado à razão entre a massa do fluido e o volume ocupado por ele. A massa específica em líquidos é quase constante: a massa específica da água (em torno de 1.000 kg/m^3) aumenta somente 1% se a pressão for aumentada por um fator de 220.

Mostramos também que a densidade é conhecida pela grandeza (SG), do inglês *Specific Gravity*, e que ela se constitui na razão entre a massa específica (ρ_{sub}) da substância e a massa específica do fluido (ρ_{fluido}) – caso a substância em questão esteja no estado líquido. Caso a substância esteja no estado gasoso, a massa específica do fluido será (ρ_{ar}). Ambas são medidas em [kg/m^3].

Esclarecemos, ainda, que o peso específico (γ) [N/m^3] é o produto da massa específica (γ) pela gravidade (g) local. A aceleração da gravidade é g = 9,807 m/s^2. As constantes mais importantes são: γ_{ar} = (1,205 kg/m^3) · (9,807 m/s^2) = 11,8 N/m^3; $\gamma_{água}$ = (998 kg/m^3) · (9,807 m/s^2) = 9.790 N/m^3. Quando a temperatura de um fluido é diferente de 20 °C, ou seja, diferente das condições normais de temperatura e pressão, a massa específica do fluido deve ser recalculada. Por outro lado, quando a temperatura de uma amostra de gás permanece constante, sua variação de volume é inversamente proporcional à variação de sua pressão.

Na sequência, apresentamos a equação da hidrostática, com a qual é possível encontrar a variação de pressão no fluido ou a diferença de pressão entre dois pontos.

Tais pontos podem ser cotidianos – por exemplo, a rede de água das residências, a pressão arterial ou um corpo mergulhado em uma piscina. A pressão em um fluido estático e uniforme varia apenas com a distância vertical e independe da forma do recipiente. A pressão é a mesma em todos os pontos sobre determinado plano horizontal que contenha o fluido. Ela aumenta somente com a profundidade do fluido.

Também abordamos o conceito de *atmosfera padrão*, que ocorre quando se considera o ar seco e puro e quando é possível descrever o comportamento da massa específica (ρ) como função da altura (z), isto é, $\rho = \rho(z)$. Os gases, em geral, apresentam um escoamento compressível, com uma densidade aproximadamente proporcional à pressão.

Em seguida, tratamos da manometria, que é a técnica usada para medir a pressão de um reservatório ou de uma tubulação, a fim de identificar, parametrizar e analisar sistemas que apresentem diferentes pressões em fluidos com massas específicas distintas. Os manômetros medem a pressão efetiva dos fluidos. Um dos métodos de resolução é considerar o seguinte esquema: inicia-se pelo lado esquerdo; as pressões descendentes são somadas e as ascendentes são subtraídas.

Por fim, explicamos que o empuxo é uma força atuante de baixo para cima em um corpo mergulhado em um fluido. Essa força faz com que qualquer corpo fique mais leve, ou seja, aparentemente os corpos perdem um pouco de seu peso em virtude dela. Quando o peso do corpo for maior que a força de empuxo, o corpo afundará; quando o peso do corpo for menor que a força de empuxo, o corpo flutuará; quando o peso do corpo for igual à força de empuxo, o corpo ficará em equilíbrio (total ou parcialmente submerso).

Tendo tudo isso em vista, devemos ressaltar que quando um fluido está a uma temperatura diferente de 20 °C e da pressão atmosférica ao nível do mar de 101,32 kPa, deve-se recalcular o valor da massa específica. Quando a temperatura de uma amostra de gás permanece constante, sua variação de volume é inversamente proporcional à variação de pressão. A pressão em um fluido estático e uniforme varia apenas com a distância vertical e independe da forma do recipiente. Portanto, a pressão é a mesma em todos os pontos sobre determinado plano horizontal que contenha o fluido; a pressão aumenta somente com a profundidade do fluido. Todo corpo imerso em um fluido está sujeito à ação de uma força vertical de baixo para cima (empuxo), cujo módulo é igual ao peso da quantidade de fluido deslocado (White, 2011).

Questões para revisão

1. Descreva os três tipos de manômetro mais usados e explique seu princípio de funcionamento.

2. Por que um submarino pode flutuar? Explique o princípio que estabelece a flutuabilidade dos corpos em fluidos.

3. O que podemos afirmar sobre a pressão atmosférica?
   a) A pressão atmosférica é menor para altitudes menores.
   b) A pressão atmosférica é maior para altitudes menores.
   c) A pressão atmosférica é igual, independente da altitude.
   d) A pressão atmosférica é proporcional à diferença de pressão da altitude em questão, sendo padrão ao nível do mar.

4. A massa específica dos fluidos é bem conhecida se o fluido estiver a 20 °C e se a pressão for de 1 atm. Quando as condições são diferentes, o que se deve fazer?
   a) Calcular a nova temperatura.
   b) Recalcular um valor mais próximo de pressão atmosférica.
   c) Calcular a variação de massa específica usando a definição de SG.
   d) Recalcular o valor de massa específica usando a constante dos gases ideais, a pressão e a variação de temperatura.
   e) Calcular um novo valor de massa específica por meio da relação entre massa por volume ocupado.

5. A força de empuxo é responsável por explicar como um navio flutua. Assim, é correto afirmar:
   a) O empuxo depende somente da temperatura.
   b) O empuxo depende da variação de densidade do fluido.
   c) O empuxo é diretamente proporcional à massa específica e ao volume do fluido deslocado.
   d) O empuxo é diretamente proporcional à temperatura e ao volume do fluido deslocado.
   e) O empuxo é diretamente proporcional ao produto do peso específico pelo volume do fluido deslocado.

6. O nitrogênio é contido em um recipiente de 4 m^3 a uma pressão de 4.200 kPa. Determine a massa se a temperatura for de (a) 30 °C e (b) –120 °C.

7. Determine a pressão efetiva do fundo de um tanque aberto, se ele contiver camadas de:
   a) 20 cm de H_2O e 2 cm de Hg. ($SG_{H_2O} = 1$ e $SC_{Hg} = 13,6$)
   b) 52 mm de H_2O e 26 mm de tetracloreto de carbono (líquido). ($SG_{H_2O} = 1$ e $SC_T = 15,63$)

8. Calcule a mudança de pressão do ar sobre uma altura de 20 m. Use as equações da pressão para uma atmosfera padrão. (Considerar $p_{N.M.} = 101,32$ KPa; T = 15 °C)

9. Em um sistema hermético estão contidos ar, óleo e água. Um manômetro foi instalado na tampa do sistema, de forma que, de acordo com a inclinação do tubo, tem-se uma medida de pressão em que a densidade de outro fluido, de um novo sistema, pode ser mensurada pelo manômetro na parte superior.

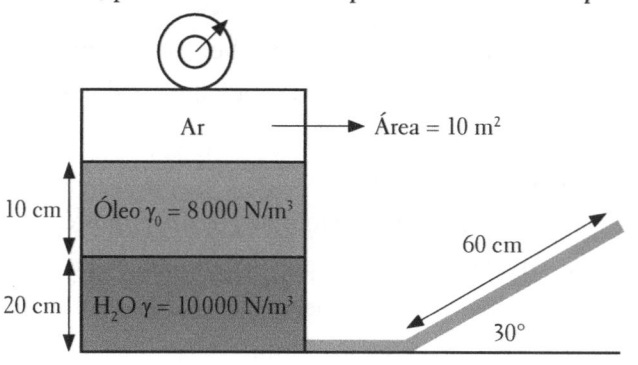

   Ar — Área = 10 m²
   10 cm — Óleo $\gamma_0 = 8\,000$ N/m³
   20 cm — H_2O $\gamma = 10\,000$ N/m³
   60 cm, 30°

   A fim de projetarmos um sistema de segurança que evite a explosão da tampa do reservatório, defina qual é a leitura do manômetro e qual é a força que age sobre o topo do reservatório.

10. (Covest – 2011-2012 – UFPE) Um barco de passageiros afundou em um lago. É preciso içá-lo utilizando boias especiais. A massa do barco é de **8.000 kg**, e o volume ocupado por ele é de **3 m³**. Despreze os pesos das boias. Determine o volume mínimo, em **m³**, que devem ter as boias para que o barco fique na iminência de ser elevado do fundo do lago.

Para saber mais

Para você aprofundar seus estudos sobre o tema do capítulo, sugerimos os seguintes materiais:

BRAN, R.; SOUZA, Z. **Máquinas de fluxo**: turbinas, bombas e ventiladores. Rio de Janeiro: Ao Livro Técnico, 1969.

LEARN BIOLOGICALY. **How Do Ships Float**? 28th Feb. 2012. Disponível em: <https://www.youtube.com/watch?v=xniW3_afO-0>. Acesso em: 19 jun. 2017.

MACINTYRE, A. J. **Bombas e instalações de bombeamento**. 2. ed. Rio de Janeiro: Guanabara, 1997.

MATTOS, E. E. de; FALCO, R. **Bombas industriais**. Rio de Janeiro: Interciência, 1998.

POTTER, M. C.; WIGGERT, D. C. **Mecânica dos fluidos**. São Paulo: Thompson Learning, 2004. Cap. 2. p. 31-59.

RAIMUNDO, F. **Metrologia**: manômetro de Bourdon. 31 maio 2014. Disponível em: <https://www.youtube.com/watch?v=49q6Ax5CNVE>. Acesso em: 19 jun. 2017.

VON LINSINGEN, I. **Fundamentos de sistemas hidráulicos**. Florianópolis: Ed. da UFSC, 2001.

WHITE, F. M. **Mecânica dos fluidos**. 6. ed. Porto Alegre: AMGH, 2011.

Curiosidades

TERMÔMETROS

O termômetro líquido utiliza a expansão ou a contração de um líquido admitindo variações de temperatura, podendo subir ou descer por um tubo fechado. Se a variação de volume é proporcional à variação de temperatura, um vidro ou outro tipo de tubo transparente cheio de líquido pode ser calibrado para indicar determinadas temperaturas.

O primeiro instrumento para indicar determinadas temperaturas foi fabricado por Filo de Bizâncio, por volta de 300 a.C., sendo reinventado por Ctésibo de Alexandria (270-? a.C) quase 100 anos depois. A invenção de Ctésibo constituía-se em um tubo de vidro em forma de U invertido, com uma vasilha em sua base. Quando o líquido de uma vasilha era aquecido, ele aumentava por causa da dilatação. Esse sistema foi copiado ou reinventado, em 1593, pelo cientista italiano Galileu Galilei (1564-1642).

O primeiro termômetro de álcool foi feito em 1654 para o Grão-Duque Ferdinando II (1610-1670) da Toscana, pelo esmaltador Marani. O conhecido termômetro de mercúrio foi inventado em 1714 por Gabriel Daniel Fahrenheit (1686-1736), que nasceu em Gdansk, na Polônia – embora tenha realizado a maioria de seus trabalhos na Holanda e na Inglaterra. Ele escolheu o mercúrio, único metal líquido, porque este apresenta um ponto de congelamento muito baixo (–38,8 °C) e um ponto de ebulição muito elevado (357 °C). Desse modo, uma grande variação de temperatura poderia estar contida em um tubo relativamente pequeno.

Medidores de pressão

A pressão é uma grandeza derivada, ou seja, ela está correlacionada com a colisão de moléculas de um fluido sobre as paredes de um recipiente. A maior parte dos instrumentos de medidas de pressão apenas infere a pressão por meio da calibração com outros dispositivos.

Os instrumentos de medida de pressão podem ser classificados em categorias, considerando-se os efeitos da gravidade. São exemplos de instrumentos o barômetro, o manômetro e o pistão de peso morto.

a. Deformação elástica: tubo de Bourdon, diafragma, fole, extensômetro e deslocamento de feixe ótico.
b. Comportamento de gases: compressão de gás, condutância térmica, impacto molecular, ionização, condutibilidade térmica e pistão de ar.
c. Saída elétrica: resistência, extensômetro difuso, capacitivo, piezelétrico, indutância magnética, relutância magnética, transformador diferencial variável linear e frequência de ressonância. Assim, os medidores de pressão determinam a quantidade de fluxo que passa por determinado local.

A indústria química, petroquímica, farmacêutica, alimentar e mecânica, além de serem utilizados para o tratamento de água utilizam medidores de pressão. As principais áreas que utilizam os medidores de pressão são: medição de consumo de combustíveis em foguetes; indústrias químicas, petroquímicas e farmacêuticas; refinarias; áreas de saneamento básico, tratamento e distribuição de água; distribuidoras de combustíveis e postos de abastecimentos de gás veicular.

Existem algumas vantagens no uso de medidores de pressão, mas estas dependem do tipo de medidor que está sendo utilizado. Geralmente, são considerados alguns aspectos que caracterizam o melhor medidor:

- deve ser simples e econômico;
- as perdas de pressão devem ser mínimas;
- deve ser resistente à corrosão e ao desgaste;
- precisa fornecer boa exatidão e deve ser seguro de manusear.

No entanto, os medidores de pressão também apresentam algumas desvantagens, como a fragilidade do tubo de medida e bolhas de ar no interior do tubo, pois isso pode ocasionar erros de leitura.

Fonte: Elaborado com base em White, 2011.

capítulo

4

Conteúdos do capítulo:

- Definição da equação da continuidade (defletores estáticos e dinâmicos).
- Equação de Bernoulli.
- Definição de *perda de carga*.
- Equação energética de Bernoulli.
- Potência entregue ao escoamento de um fluido.
- Equação de Darcy-Weisbach.
- Equação de Hagen-Poiseuille.

Após o estudo deste capítulo, você será capaz de:

- fazer análises dos parâmetros de transporte de um fluido;
- caracterizar o regime de escoamentos dos fluidos;
- determinar a geometria de um sistema de tubulação;
- calcular a vazão volumétrica e mássica em um escoamento;
- calcular as forças de interação entre fluidos e superfícies;
- resolver problemas usando as equações de Bernoulli, Darcy-Weisbach e Hagen-Poiseuille;
- caracterizar a propriedade dos escoamentos dos fluidos, se total ou parcialmente desenvolvidos;
- estimar a potência entregue a um fluido por meio de bombas e turbinas.

Análise dos parâmetros de transporte dos fluidos

Consideramos este capítulo o mais importante da obra. Sugerimos a você, leitor, quando necessário, retomar a leitura dele para ampliar ou reforçar os conceitos apresentados, pois grande parte dos escoamentos de fluidos podem ser resolvidos com as informações que serão abordadas aqui. Inicialmente, trataremos da equação da continuidade, teoria importante para descrever os defletores estáticos e dinâmicos. Com base no conceito de *perda de carga*, demonstraremos qualitativamente a definição e o uso da equação energética de Bernoulli, que considera a variável da perda de carga em sua estrutura matemática. Na sequência, abordaremos diversos autores relacionados ao tema da perda de carga, conduzindo, de forma contextualizada (e com várias definições), a interpretação física dessa grandeza. A equação de Darcy-Weisbach será apreciada na sequência, seguida da definição e da interpretação física de um escoamento totalmente desenvolvido. Para situações de escoamento em tubulações de geometria circular, apresentaremos, como opção de cálculo para a vazão volumétrica e as perdas de carga, a equação de Hagen-Poiseuille.

> **Fenômenos da natureza para um estudo de caso**
>
> Nos últimos anos, eventos climáticos extremos têm sido comuns em diferentes lugares do mundo. Durante o período de enchentes, algumas regiões próximas a usinas hidrelétricas sofrem com a possibilidade de aumento do volume de água dos rios, por conta da abertura dos vertedouros das represas. Muitas vezes, há a necessidade de canalizar a vazão dessas represas, e a canalização da água pelo vertedouro acaba alterando a correnteza a jusante das barragens, lançando mais água contra as áreas da cidade que ficam próximas do rio. A construção de uma represa, barragem ou usina hidrelétrica passa por um dimensionamento de sua estrutura e também pela reflexão sobre seu impacto no meio ambiente. É preciso realizar cálculos referentes à vazão dos rios que abastecem a represa, à vazão no vertedouro, à velocidade da correnteza, à área para escoamento e aos defletores necessários para redirecionar o fluxo da água ou até mesmo para impelir a presença indesejada de turbulências. A altura ou profundidade de um lago influi no entendimento sobre como dimensionar uma bomba hidráulica para retirar o excesso de água daquele ambiente e transportar para outro. Enfim, em um exemplo como esse, é possível a utilização das teorias de fenômenos de transporte, com o apoio em equações de continuidade, defletores estáticos/dinâmicos e na equação energética de Bernoulli. Como estabelecer uma metodologia de solução quanto ao dimensionamento de sistemas hidráulicos simples? Como reconhecer a inclusão de defletores em um escoamento turbulento? Como dimensionar uma turbomáquina (turbinas e bombas) para o transporte controlado de um fluido líquido da base de uma montanha até um vilarejo no alto da montanha?

4.1
Leis básicas

Conforme mencionamos no final do Capítulo 2, devemos ter em mente que sempre é necessário **classificar a natureza do escoamento**:

- se o escoamento é laminar ou turbulento;
- se o escoamento é permanente ou não permanente;
- se o escoamento é viscoso ou não viscoso;
- se o escoamento é compressível ou incompressível;
- se o fluido é um líquido ou um gás.

Em geral, após essa classificação, é preciso fazer uso de três leis básicas do escoamento, que estão entre as definições fundamentais da mecânica dos fluidos: a **Lei da Conservação da Massa**, proveniente da Lei da Continuidade; a **Segunda Lei de Newton**, evidenciada pelas equações de movimento – aqui aplicadas a defletores; e a **Segunda Lei da Termodinâmica**, aplicada pela equação da energia – também conhecida como *equação energética de Bernoulli*.

Vamos iniciar as discussões sobre as leis básicas dos escoamentos demonstrando em que consiste a equação da continuidade.

4.2
Equação da continuidade

Para o princípio da equação da continuidade (Equação 4.2), é preciso considerar as **leis de conservação** conforme sua definição primordial, provinda da mecânica clássica. Contudo, aqui será admitido que a massa de um fluido – ou seja, a massa do pacote de informação do fluido – também apresenta um comportamento conservativo. Em outras palavras, todo fluido que entra em um sistema, iniciando sua trajetória de escoamento imediatamente na entrada do sistema, deve apresentar proporção mássica igual na saída do sistema (uma tubulação, por exemplo).

Por meio da conservação da massa, é possível obter a informação sobre o diâmetro de um duto ou de uma tubulação – utilizados na entrada ou na saída de uma bomba hidráulica – ou o volume de escoamento requerido para uma potência específica. Mostraremos que, embora a definição de volume e massa de um fluido apresente descrições distintas, existe uma semelhança em sua atuação ao longo de um escoamento, que será caracterizado pela vazão de escoamento (Figura 4.1).

Figura 4.1 – Princípio da conservação da massa

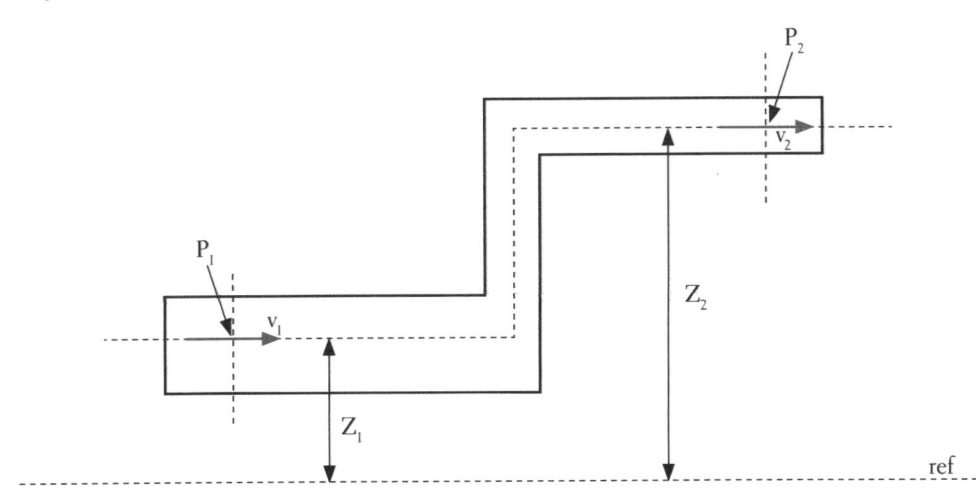

Demonstração: a taxa de variação temporal da massa de um fluido é igual à taxa de variação temporal do produto da massa específica, pela possibilidade de variação do volume daquele fluido. Assim, usaremos a Equação 3.1.

$$\frac{dm_{fluido}}{dt} = \frac{d}{dt} \cdot \int \rho \cdot dV$$

Sendo $\frac{dm_{fluido}}{dt} = \dot{m}$, em que $(\dot{m})$ é a massa do fluido variando no tempo, então:

$$\dot{m} = \rho \cdot \int \frac{d}{dt} \cdot (A \cdot dx)$$

$$\dot{m} = \rho \cdot A \cdot \int \frac{d}{dt} \cdot dx$$

$$\dot{m} = \rho \cdot A \cdot \int \frac{d \cdot (x)}{dt}$$

A equação anterior é a **vazão mássica** em [kg/s].

Equação 4.1 – Equação da vazão mássica

$$\dot{m} = \rho \cdot A \cdot \vec{v}$$

Usando o conceito da Lei da Conservação, com relação à massa de um fluido que se desloca em um sistema fechado, encontramos a seguinte relação:

$$\dot{m}_1 = \dot{m}_2$$

Os índices 1 e 2 são a entrada e a saída, respectivamente, do sistema fechado. O índice "ponto", acima da variável (m), representa a taxa de variação temporal da massa do fluido, que por essa relação deve ser igual na entrada e na saída, tal como prediz a Lei da Conservação. O resultado dessa lógica é a Equação 4.2.

Equação 4.2 – Equação da continuidade

$$\rho_1 \cdot A_1 \cdot \vec{v}_1 = \rho_2 \cdot A_2 \cdot \vec{v}_2$$

Fazendo a análise dimensional de $(\dot{m})$, teremos:

$$\left[\frac{kg}{m^3}\right] \cdot \left[m^2\right] \cdot \left[\frac{m}{s}\right] = \left[\frac{kg}{s}\right]$$

Agora, podemos definir a vazão para um escoamento, a **vazão em volume ou descarga** (Equação 4.3).

Considere um escoamento fechado, contínuo e permanente de um fluido incompressível como a água, em que o deslocamento aconteça da entrada com área A_1 até a área A_2, respectivamente, com velocidade de entrada e de saída.

Figura 4.2 – Vazão para um escoamento

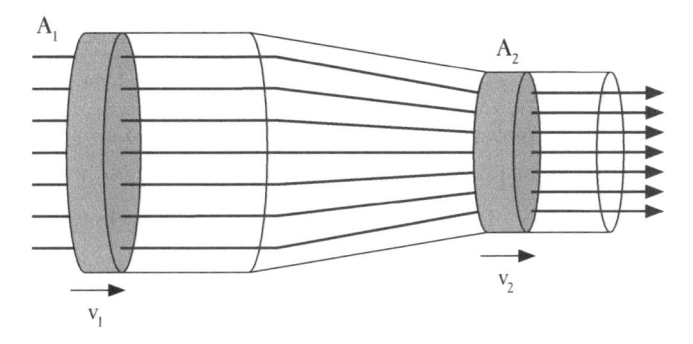

Dessa forma, a vazão em volume é descrita como segue.

Equação 4.3 – Equação da vazão em volume ou descarga

$$Q = \vec{v} \cdot A$$

A análise dimensional das unidades no Sistema Internacional de Unidades (SI) será dada como:

$$\left[\frac{m}{s}\right] \cdot \left[m^2\right] = \left[\frac{m^3}{s}\right]$$

4.3
Defletores estáticos e cinemáticos

A Segunda Lei de Newton também é conhecida como **equação da quantidade de movimento**. A quantidade de movimento será aqui aplicada a defletores, o que permite uma compreensão maior sobre um fluido se comporta na presença de desviadores, tais como turbinas, bombas, aerofólios, sopradores, compressores e comportas de barragens.

A definição de defletores compreende a presença de uma força resultante atuando sobre um sistema. A capacidade de defletir a direção de escoamento do fluido garante uma taxa de variação da quantidade de movimento do sistema como um todo. Na **equação geral de defletores**, mostraremos que há, ainda, uma Terceira Lei de Newton: a superfície do defletor aplica uma força no fluido do mesmo módulo e no sentido contrário, ou seja, trata-se de ação e reação.

Exemplos de defletores podem ser visualizados nas Figuras 4.3 e 4.4.
O processo de desviar um escoamento implica o entendimento de como um fluido conduz uma força capaz de provocar impulso (ou aceleração), cisalhamento e variação em sua própria quantidade ao sair do sistema.

A Figura 4.3 mostra o vertedouro da Usina de Itaipu, que tem a finalidade de controlar o nível da barragem que alimenta a usina, pois, em tempos de muita chuva, é possível ocorrer o transbordamento da barragem, o que pode vir a comprometer a estrutura da usina.

Assim como essa usina, qualquer outra deve ter, no final do vertedouro, um defletor que desacelere significativamente a água antes de ela cair no rio. Esse sistema é de suma importância, pois evita o desassoreamento do rio, ou seja, por causa dele a estrutura do rio não é comprometida, além de ser evitada a cavitação (Tagliaferro, [S.d.]).

Figura 4.3 – Vertedouro da Usina Hidrelétrica de Itaipu (exemplo de defletor estático)

Na Figura 4.4, o defletor segue o mesmo princípio dos defletores usados em usinas hidrelétricas, porém ele é utilizado em rios próximos de regiões urbanas ou de regiões montanhosas, quando o escoamento de alta vazão pode comprometer a estrutura da montanha, provocando desmoronamentos.

Figura 4.4 – Exemplo de um defletor em regiões urbanas

Nota: A versão colorida desta imagem está anexada no final da obra.

4.4
Equação geral dos defletores

A equação geral da quantidade de movimento é usada, em muitos casos, para determinar as forças que surgem durante um escoamento, como na situação em que é necessário dimensionar as forças que atuam sobre a parede de uma barragem em função da quantidade de água (profundidade). Essa informação interessa a qualquer projeto de engenharia no que se refere à garantia de segurança do projeto.

Vamos definir, agora, a equação geral dos defletores usando o princípio da conservação da vazão mássica:

$$\sum \dot{m}_1 = \sum \dot{m}_2$$

Como os fluidos exercem força sobre os desviadores, temos que:

$$\sum \vec{F} = m \cdot \vec{a}$$

$$\sum \vec{F} = m \frac{d\vec{v}}{dt} = \frac{d}{dt} \cdot (m \cdot \vec{v})$$

$$\sum \vec{F} = \frac{d\dot{m}_2}{dt} \cdot \vec{v}_2 - \frac{d\dot{m}_1}{dt} \cdot \vec{v}_1$$

Equação 4.4 – Equação geral de movimento para defletores

$$\sum \vec{F} = \dot{m} \cdot (\vec{v}_2 - \vec{v}_1)$$

4.5
Defletores estáticos

O estudo dos defletores estáticos é relevante, por exemplo, para o manejo de tubulações industriais ou residenciais, considerando-se que muitos dutos realizam o processo de mudança de direção de escoamento do fluido de maneira intencional.

Considere um jato de fluido atingindo diretamente um anteparo, o qual, atuando como um desviador ou defletor, faz um ângulo (α) com a horizontal. A velocidade de entrada ($\vec{v}_1$) alcança o defletor, que oferece uma força de sustentação na direção oposta ao movimento. Essa força é a **força de reação** e leva a denominação R_x. Como o fluido passa a apresentar uma nova direção de escoamento por conta do desvio, surge outra força de reação, agora na direção (y).

O fluido deixa o sistema com uma velocidade de entrada $\vec{v}_2 = \vec{v}_1$.

Podemos perguntar: Por que essa relação é verdadeira?

Com base na equação geral dos defletores, buscamos discutir quais forças atuam sobre o defletor, em função da presença constante do fluido que "bate" sobre a estrutura do defletor, que, nesse caso, está estático, parado.

Figura 4.5 – Exemplo de um defletor estático ou estacionário

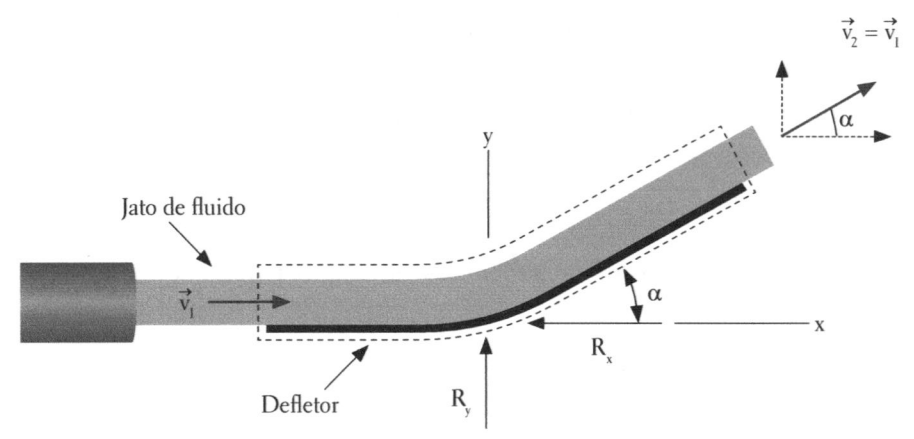

Fonte: Adaptado de Potter; Wiggert, 2011, p. 135.

Para calcular a força de reação nas coordenadas (x) e (y), basta decompor a Equação 4.4 na direção (x) e (y), respectivamente.

Equação 4.5 – Equação da força na direção (x) para defletores estáticos

$$-F_x = \dot{m} \cdot (\cos\theta - 1) \cdot \vec{v}_1$$

A componente de força na direção (x) tem sinal negativo por qual razão?

Porque a Equação 4.5 representa a força de ancoragem, de sustentação ou de reação do anteparo do defletor em decorrência da ação do fluido ao tentar mover o anteparo na mesma direção do jato de entrada.

Equação 4.6 – Equação da força na direção (y) para defletores estáticos

$$F_y = \dot{m} \cdot \sin\theta \cdot \vec{v}_1$$

Da mesma forma, a Equação 4.6 representa a força de sustentação do anteparo na direção (y) em função do desvio oferecido ao escoamento do fluido.

4.6
Defletores dinâmicos

Se você assistiu ao filme *Indiana Jones e a Caveira de Cristal* (2008), vai lembrar que nos primeiros 20 minutos do filme há uma sequência de ação que se passa sobre um trem. Ao final da cena, o trem é desacelerado por um trilho de água que atua como um freio natural. Esse é um exemplo de **defletor cinemático ou dinâmico**. Nesse caso, quando a água entra em contato com a base do trem em movimento, ele atua como um defletor dinâmico sobre aquele fluido.

A definição mais formal dos defletores dinâmicos é a mesma apresentada pela Figura 4.5; porém, nesse caso, não apenas o fluido atinge o defletor com certa velocidade, como também o próprio defletor está em movimento (Figura 4.6).

A velocidade do defletor é simbolizada pela velocidade do "carrinho" ($\vec{v}_c$), o que torna a vazão mássica relativa, $\dot{m}_r = \rho_1 \cdot A_1 \cdot (\vec{v}_1 - \vec{v}_B)$, com ($\rho$) em [kg/m³] e (A) em [m²], considerando-se que a velocidade relativa entre o fluido e o defletor em movimento é medida em [m/s].

Figura 4.6 – Exemplo de um defletor cinemático ou dinâmico

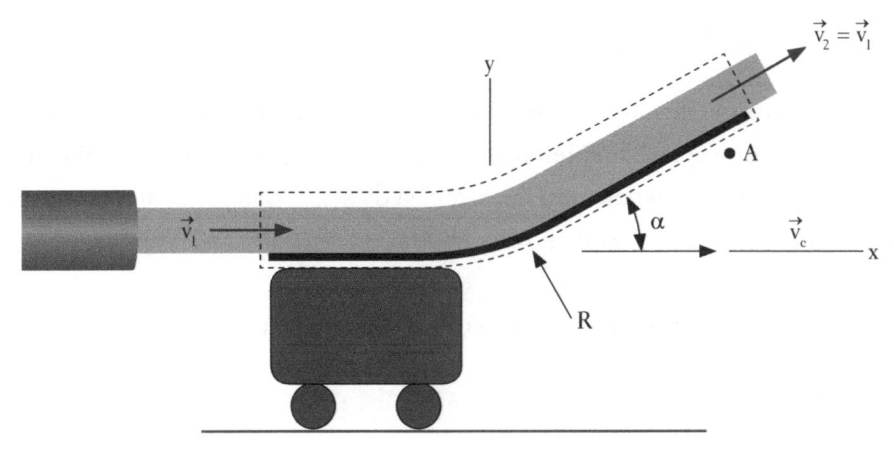

Fonte: Adaptado de Potter; Wiggert, 2011.

Equação 4.7 – Equação da força na direção (x) para defletores dinâmicos

$$-\vec{F}_x = \dot{m}_r \cdot (\vec{v}_1 - \vec{v}_B) \cdot (\cos\theta - 1)$$

Equação 4.8 – Equação da força na direção (y) para defletores dinâmicos

$$\vec{F}_y = \dot{m}_r \cdot (\vec{v}_1 - \vec{v}_B) \cdot \sin\theta$$

4.7 Equação de Bernoulli

Quando se fala na equação de Bernoulli, em geral, pensa-se que sua autoria deve ser atribuída ao matemático e físico Daniel Bernoulli, que estudou o uso de manômetros, gases ideais e a propulsão a jato e criou algumas teorias que chegaram a ser publicadas. No entanto, foi o matemático alemão **Leonhard Euler** (1707-1783) que, na realidade, desenvolveu o que hoje conhecemos como *equação de Bernoulli* (Só Biografias, 2017).

Explicamos anteriormente que a equação da continuidade considera um fluido incompressível e que este, ao escoar por uma tubulação (sistema fechado) com área de secção transversal variável, sofre mudança na velocidade, de modo que a vazão volumétrica permanece constante. Esse entendimento só é possível porque se admite o princípio da conservação da massa. Considerando-se as leis de Newton, observa-se que, quando há variação da velocidade de escoamento, isso implica uma variação da pressão do fluido ao longo do escoamento naquele sistema fechado.

A equação de Bernoulli, que relaciona pressão, velocidade de um fluido incompressível escoando em um regime laminar, massa específica do fluido e altura no início e no final do escoamento (tal qual a equação da continuidade), não considera nenhum princípio físico inédito, somente a conservação da energia do fluido – ou seja, deve ser utilizado o **teorema trabalho-energia** para "construir" a equação mais famosa dos fenômenos de transporte.

Primeiramente, vamos caracterizar algumas condições de contorno, para as quais a equação de Bernoulli é válida:

- Considere um escoamento permanente, constante e incompressível $\left(\frac{\partial \rho}{\partial t}=0\right)$.
- Não há presença de máquinas no trecho de escoamento, como bombas (equipamento que adiciona energia ao fluido) ou turbinas (equipamento que retira energia do fluido).
- Não há perda de energia (atrito, calor dissipado, troca de calor entre o sistema e o meio etc.).

Considere o sistema da Figura 4.7.

Figura 4.7 – Sistema de escoamento permanente de um fluido incompressível, sem a presença de máquinas e sem perdas

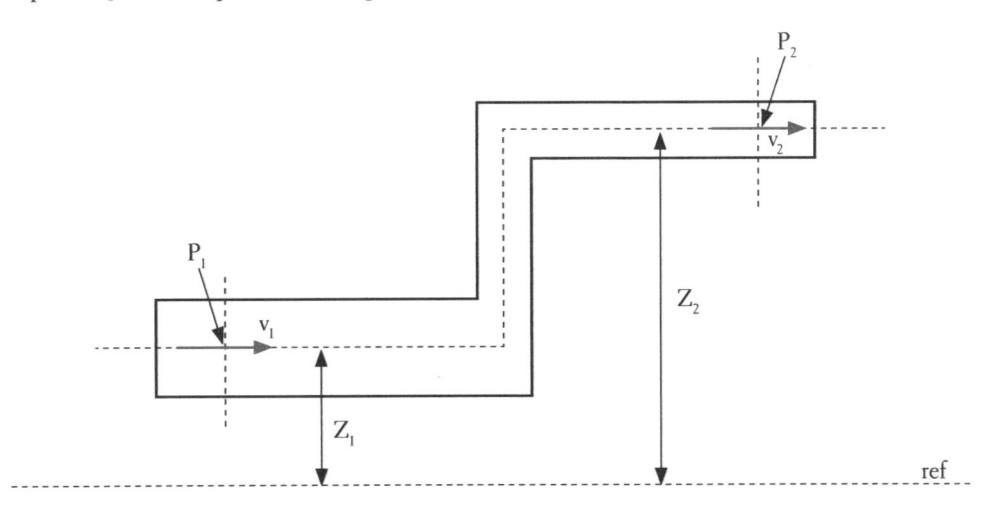

Certas energias estão associadas a esse sistema: a **energia potencial gravitacional (Epg)**, em virtude dos efeitos da gravidade sobre o fluido; a **energia cinética (Ec)**, por conta do deslocamento do fluido ao longo da tubulação; e a "**energia de pressão**" ($E_{pressão}$), em decorrência de um trabalho do fluido sobre o sistema.

Vamos, agora, descrever cada uma dessas energias:

- $Epg = m \cdot g \cdot h$: são consideradas a massa do fluido e a altura ao longo do escoamento.
- $Ec = \dfrac{m \cdot \vec{v}^2}{2}$: são consideradas a massa do fluido e a velocidade de escoamento.
- $E_{pressão} = \int p \cdot dV$.

Definiremos esta última expressão com base no trabalho feito pelo fluido sobre o sistema:

$$dW = \vec{F} \cdot dx$$

Como a força é um produto da pressão sobre uma seção de área, então:

$$dW = p \cdot A \cdot dx = p \cdot dV$$

Perceba que o produto da área com um elemento infinitesimal de comprimento resulta em um elemento infinitesimal de volume (dV).

Dimensionalmente, temos:

$$[J] \leftarrow dW = dE \rightarrow [J]$$

Então, pelo teorema trabalho-energia, temos:

$$E_{pressão} = \int p \cdot dV$$

Integramos a variação de pressão sobre todo o volume do sistema de escoamento. A energia total que atua sobre um fluido será dada novamente pelo teorema trabalho-energia:

$$E_{total} = Epg + Ec + E_{pressão}$$

Como o volume de controle compreende do setor de entrada da tubulação até um ponto que chamamos de *saída*, vamos caracterizar a entrada e a saída do volume de controle com os índices 1 e 2, respectivamente. Assim, a energia total contida na entrada, bem como no início do escoamento, deve ser igual, pela Lei da Conservação da Energia, à energia no final (saída) do escoamento, tal que:

$$E_{total(1)} = E_{total(2)}$$

Aplicando uma taxa de variação (derivada) sobre todas as energias envolvidas no processo, podemos classificar as taxas de variações das energias na entrada e na saída do sistema da seguinte maneira:

$$dE_1 = dm_1 \cdot g \cdot h_1 + \dfrac{dm_1 \cdot \vec{v}_1^2}{2} + p_1 \cdot dV_1$$

$$dE_2 = dm_2 \cdot g \cdot h_2 + \dfrac{dm_2 \cdot \vec{v}_2^2}{2} + p_2 \cdot dV_2$$

Devemos lembrar que:

$$\rho = \frac{dm}{dV} \rightarrow dV = \frac{dm}{\rho}$$

Substituindo a grandeza (dV) presente nas expressões de energia, podemos reescrever o teorema trabalho-energia da seguinte forma:

$$dm_1 \cdot g \cdot h_1 + \frac{dm_1 \cdot \vec{v}_1^2}{2} + p_1 \cdot dV_1 = dm_2 \cdot g \cdot h_2 + \frac{dm_2 \cdot \vec{v}_2^2}{2} + p_2 \cdot dV_2$$

Supondo que a Lei da Conservação da Massa continua sendo válida, então os termos de massa se anulam, porque ($dm_1 = dm_2$):

$$g \cdot h_1 + \frac{\vec{v}_1^2}{2} + \frac{p_1}{\rho_1} = g \cdot h_2 + \frac{\vec{v}_2^2}{2} + \frac{p_2}{\rho_2}$$

Para deixar a expressão mais simples, vamos dividir por (g) ambos os lados da equação, de forma que:

$$h_1 + \frac{\vec{v}_1^2}{2g} + \frac{p_1}{\gamma_1} = h_2 + \frac{\vec{v}_2^2}{2g} + \frac{p_2}{\gamma_2}$$

Essa é a expressão da equação de Bernoulli (Equação 4.9).

Equação 4.9 – Equação de Bernoulli

$$\frac{\vec{v}_1^2}{2g} + \frac{p_1}{\gamma_1} + h_1 = \frac{\vec{v}_2^2}{2g} + \frac{p_2}{\gamma_2} + h_2$$

Em outras palavras, as condições de velocidade de escoamento, pressão, peso específico e altura da entrada do fluido no sistema devem ser iguais às condições de velocidade de escoamento, pressão, peso específico e altura da saída do fluido do sistema.

Para saber mais

Para ampliar seus conhecimentos sobre o tema, veja outras deduções dessa equação em:

PROFESSOR LOURINALDO. **Equação de Bernoulli**. 19 abr. 2013. Disponível em: <https://www.youtube.com/watch?v=o8UmU1eOvkU>. Acesso em: 19 jun. 2017.

VICENTE, P. **Hidrodinâmica**: equação de Bernoulli. 5 dez. 2011. Disponível em: <https://www.youtube.com/watch?v=UiG6jgGoyug>. Acesso em: 19 jun. 2017.

4.8 Equação energética de Bernoulli

A Equação 4.9 garante a resolução de inúmeros problemas da mecânica dos fluidos, da hidráulica e dos dimensionamentos de sistemas de escoamento. Contudo, as condições de contorno devem ser satisfeitas – especialmente a condição de que não pode haver a presença de máquinas no intervalo dos escoamentos, isto é, a presença de bombas ou turbinas entre a entrada (1) e a saída (2) do sistema.

Para esse caso, respeitadas todas as outras condições de contorno impostas para a demonstração da equação de Bernoulli, deve ser usada a **equação energética de Bernoulli**, que corresponde a uma expressão que interpreta a presença de uma turbina ou de uma bomba no escoamento e, com isso, consegue determinar, de forma um pouco mais "real", as condições de escoamento do fluido em um sistema que pode ser fechado ou aberto – por exemplo, o caso de uma bomba hidráulica transportando a água de um ponto A para um ponto B (Figura 4.8).

Figura 4.8 – Sistema de escoamento permanente de um fluido incompressível (presença de máquina, mas sem perdas)

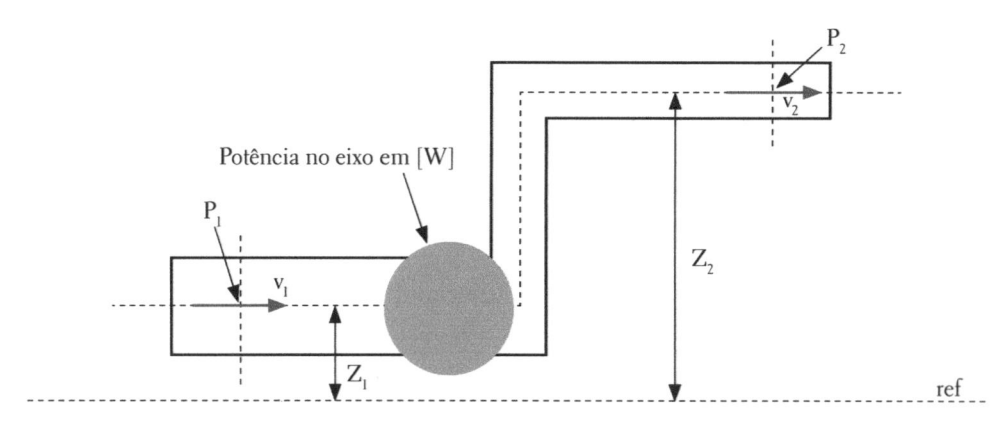

A demonstração da expressão da equação energética de Bernoulli é bastante complexa, sendo necessários vários passos matemáticos para definir uma equação simplificada em sua forma algébrica. Por isso, vamos fazer aqui uma análise mais qualitativa para chegarmos à equação energética de Bernoulli, em vez de uma análise quantitativa, como fizemos durante a demonstração da própria equação de Bernoulli.

Começamos nossa análise admitindo que, se o calor é transferido a um dispositivo (uma caldeira ou soprador) ou o trabalho é feito por uma máquina[1], exige-se uma equação da energia para esse sistema, sendo necessário considerar a Primeira Lei da Termodinâmica.

[1] O conceito de *máquina* em fenômenos de transporte está associado à descrição de bombas e turbinas.

O fluido, quando encontra uma máquina, conforme a Figura 4.8, entra em contato físico com o dispositivo. Assim, uma taxa temporal de trabalho é criada pela máquina, e o fluido precisa vencer o arrasto proporcionado por ela. A máquina, nesse caso, deve oferecer um fluxo de escoamento que esteja em concordância com o teorema trabalho-energia, de tal forma que:

$$\dot{W} = \dot{W}_k + \dot{W}_e + \dot{W}_{cis} + \dot{W}_i$$

Nessa expressão:
- $(\dot{W}_k)$ é o trabalho de escoamento;
- $(\dot{W}_e)$ é o trabalho no eixo da turbina ou bomba;
- $(\dot{W}_{cis})$ é o trabalho de cisalhamento;
- $(\dot{W}_i)$ é o trabalho de momento de inércia.

Essas variáveis são apenas algumas "amostras" de como o fluido entra em contato com uma máquina. Desse contato surgem os efeitos puramente mecânicos do processo de escoamento.

Quando consideramos um escoamento permanente, conforme as condições de contorno impostas anteriormente, temos:

$$\dot{W}_{cis} = W_i = W_k \equiv 0$$

Em outras palavras, alguns trabalhos de forças não conservativas são desconsiderados no processo. A primeira relação pode ser simplificada da seguinte forma:

$$\dot{W} = \dot{W}_e$$

O trabalho total do sistema é igual ao trabalho efetuado (feito) pelo eixo da turbina ou da bomba. Explicando de outra forma, o trabalho total do sistema agora depende de outro trabalho, que está "centralizado" no eixo da máquina (para facilitar o entendimento), sendo responsável por atribuir ou retirar certa quantidade de energia durante o escoamento do fluido.

A equação de Bernoulli continua sendo válida, pois estamos tratando da presença de uma máquina dentro do mesmo volume de controle. Se a potência de um dispositivo é a razão entre o trabalho deste pelo tempo que ele leva para realizar o trabalho, podemos considerar que a taxa de variação temporal de trabalho no eixo da máquina é aproximadamente igual à taxa de variação temporal da energia gasta nesse processo. Porém, a conservação da massa deve ser considerada; assim, é necessário fazer um produto com uma grandeza que considere a massa do fluido. É possível fazer uma análise dimensional mais complexa, mas deixaremos isso como produto futuro. Agora, estamos interessados em como descrever os efeitos da potência que uma máquina pode inferir sobre um fluido.

Para finalizarmos a descrição anterior, consideramos:

$$\frac{dW_e}{dt} \cong \frac{dE}{dt} \cdot \text{constante}$$

Como a constante deve resultar em uma dimensão associada à massa do fluido, temos:

$$W_e \cong \frac{dE}{dt} \cdot (\dot{m} \cdot g)$$

A expressão supracitada estabelece que a potência equivalente no eixo de uma máquina é proporcional ao produto da taxa de variação temporal de todas as energias envolvidas no escoamento, definido por uma constante que identifique e considere a massa do fluido que esteja passando pela máquina naquele instante de tempo (dt).

Observe que, ao tratarmos de "todas as energias envolvidas", a relação do teorema trabalho-energia ainda está sendo considerada, de tal forma que obtemos:

$$\frac{\dot{W}_e}{\dot{m} \cdot g} = \frac{dE}{dt}$$

Por aproximação, podemos incluir o sinal de (=) na expressão anterior, definindo, assim, a potência no eixo de uma máquina como:

$$\text{Potência equivalente do eixo de uma máquina} = \frac{\dot{W}_e}{\dot{m} \cdot g}$$

Ainda estamos em busca de um modelo que possa predizer o comportamento de escoamento de um fluido ao longo de um sistema com volume de controle bem definido, capaz de respeitar as condições de contorno impostas na descrição da equação de Bernoulli e, ainda, capaz de admitir a presença de máquinas no intervalo de escoamento.

Encerrando essa análise qualitativa, considere que deve haver um equilíbrio entre as equações que descrevem o trabalho e as energias envolvidas no escoamento. Convidamos você a pensar em uma forma de balancear essas relações, tal como é feito em química, quando se usa a estequiometria para equacionar e quantificar certas transformações químicas. De forma análoga, vamos usar o conceito estequiométrico, ou seja, de equilíbrio e balanço entre as relações de potência no eixo de uma máquina, além das energias envolvidas no processo de escoamento.

Fazendo isso, podemos garantir que, para que haja uma solução verdadeira e suficiente, devemos correlacionar as condições supracitadas da seguinte forma: a soma de todas as energias atribuídas ou retiradas de um fluido em um escoamento deve ser igual às energias distribuídas ao longo do sistema de escoamento.

Ou seja, é válida a relação estequiométrica:

$$P_{\text{potência/eixo}} = \Sigma \Delta E_{\text{energias}}$$

E, assim, chegamos à Equação 4.10.

Equação 4.10 – Equação energética de Bernoulli (ou equação da energia)

$$\pm \frac{\dot{W}_{eixo}}{\dot{m} \cdot g} = \left(\frac{\vec{v}_2^2}{2g} + \frac{p_2}{\gamma} + h_2 \right) - \left(\frac{\vec{v}_1^2}{2g} + \frac{p_1}{\gamma} + h_1 \right)$$

A notação (±) na equação serve para identificar se a máquina está retirando energia (–) do fluido, como faz uma turbina, por exemplo, ou atribuindo energia (+) ao fluido, como faz uma bomba.

Observe que a unidade ($\dot{W}_{eixo}$) é dada em [W], pois se trata de uma potência no eixo, já o termo $\left(\frac{\dot{W}_e}{\dot{m} \cdot g} \right)$ é a potência equivalente no eixo, dada em [W.s³/kg.m].

4.9
Equação energética de Bernoulli com base na termodinâmica

É possível demonstrar a Equação 4.10 com base na Segunda Lei da Termodinâmica.

Equação 4.11 – Equação da Segunda Lei da Termodinâmica

$$W = Q + E$$

O trabalho realizado pelo fluido é igual ao somatório das quantidades de energia (recebidas ou cedidas pelo fluido).

Para (W = 0) e (E = 0), a variação da energia interna do sistema será nula ($\Delta En_{int} = 0$). Assim: $Q_1 = Q_2$. Seguindo o princípio da conservação, essa quantidade de calor (Q) corresponde às quantidades de energia envolvidas no processo. As perdas seriam representadas pela variação de energia interna (E).

Desse modo, pelo teorema trabalho-energia, na entrada e na saída de um escoamento chegamos à relação:

$$E_{p_1} + E_{c_1} + E_{pg_1} = E_{p_2} + E_{c_2} + E_{pg_2}$$

Essa relação foi usada na demonstração da equação de Bernoulli; aqui, surge como forma de ressaltar que deve sempre existir um equilíbrio entre as energias envolvidas nos escoamentos. Podemos afirmar também que se trata do somatório das energias – sabendo, nesse caso, que todas as quantidades de energia se conservam.

No entanto, se (W ≠ 0) e (E ≠ 0), utilizamos a mesma Equação 4.11, embora a quantidade de energia no sistema ainda exista; assim, atribuímos a essa origem a presença de uma bomba ou turbina no intervalo de escoamento. Como nenhuma troca de energia em um sistema tem 100% de rendimento – outra condição das leis da termodinâmica –, então a relação estequiométrica deve considerar uma perda de carga muito bem localizada, definida como (h_L), dada em [m], a qual completa a equação energética de Bernoulli de forma muito mais ampla do que a Equação 4.11, de modo que chegamos à próxima equação.

Equação 4.12 – Equação da energia para fluidos com presença de máquina e com perdas de carga

$$\dot{W}_{eixo} = \Sigma Q + h_L$$

Consideramos ($\dot{W}_{eixo}$) como a potência no eixo da máquina, (h_L) como a energia interna dissipada (ΔEn_{int}) e (ΣQ) como a somatória das energias. A Equação 4.12 está em concordância com a Equação 4.11 e, consequentemente, respeita as condições de equilíbrio estequiométrico. A mesma ideia se aplica ao uso da Equação 4.11 na termodinâmica.

Lembramos que a potência no eixo da máquina é uma taxa temporal de variação do trabalho realizado pela máquina, sendo [J/s] = [W]. Logo:

$$\dot{W}_{eixo} = \frac{dW}{dt}$$

Então, podemos reescrever a equação de Bernoulli na forma energética, o que significa que, de agora em diante, temos uma equação muito mais "poderosa", que considera, além de máquinas no intervalo de escoamento, se há perdas de carga.

Voltaremos a tratar da perda de carga (h_L) na sequência. No momento, é importante compreender que a grandeza *perda de carga* aparece na expressão como resultado de uma condição exigida pela teoria da termodinâmica – portanto, é uma representação mais próxima da realidade dos escoamentos.

Equação 4.13 – Equação energética de Bernoulli

$$\frac{\dot{W}_{eixo}}{\dot{m} \cdot g} = \left(\frac{\Delta \bar{v}^2}{2g} + \frac{\Delta p}{\gamma} + \Delta h \right) + h_L$$

4.10
Carga manométrica (hB)

A carga manométrica, também conhecida como *altura da bomba* (h_b), refere-se à altura a que a bomba consegue levar o líquido dentro de uma tubulação, em unidade de metro [m]. A medida é feita a partir do ponto de entrada e do de saída da bomba, conforme os pontos de pressão (p_1) e (p_2), respectivamente, na Figura 4.9. Tal análise é de fundamental importância dentro de um dimensionamento hidráulico industrial.

Figura 4.9 – Exemplo de uma bomba centrífuga

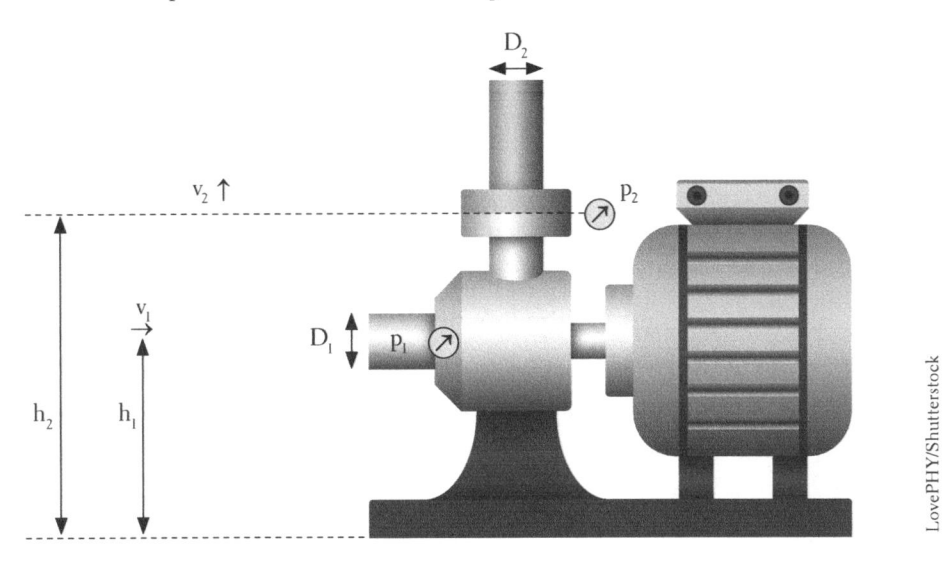

A variável *altura manométrica* é adicionada à equação energética de Bernoulli, podendo ser escrita na forma da Equação 4.14.

Equação 4.14 – Equação energética de Bernoulli com carga manométrica

$$\frac{\dot{W}_{eixo}}{\dot{m} \cdot g} = \left(\frac{\Delta \vec{v}^2}{2g} + \frac{\Delta p}{\gamma} + \Delta h \right) + h_L - \Delta h_b$$

Para esclarecermos melhor como diferenciar as diferentes alturas no escoamento, podemos sintetizar a situação com a seguinte interpretação:
- (Δh) é a variação entre as alturas inicial e final ($h_2 - h_1$), respectivamente, entre a saída e a entrada do fluido em uma tubulação – unidade em [m].
- (h_L) é a perda de carga durante o escoamento – mostraremos mais adiante que se trata de uma perda de carga localizada, isto é, corresponde

a uma interpretação analítica de um segmento ou setor de uma tubulação para o qual existem energias não conservadas, ou seja, há perdas de energia ou perdas de cargas – unidade em [m].

- (Δh_B) é a altura entre a entrada e a saída do fluido, quando se trata da presença de uma turbina ou bomba.
- Para este último ponto, imaginemos uma bomba hidráulica. Ela apresenta um ponto por onde o fluido entra e um segundo ponto por onde o fluido sai. Os dois pontos, definidos como pontos de pressão (pois existe um gradiente de pressão nesses dois locais), estão localizados na Figura 4.9, exatamente nos locais onde aparecem dois manômetros. A análise dessa figura indica que há uma altura de entrada e uma altura de saída no sistema, o que corresponde ao (Δh), mas há também uma altura do bocal de entrada da bomba e outra do bocal de saída. Essa altura é conhecida como *carga manométrica* ou *altura de carga da bomba*, unidade em [m].

4.11
Potência entregue ao fluido

Para o cálculo da potência entregue ao fluido por uma bomba, a altura de carga da bomba deve ser considerada, pois está associada à altura e à potência em que a bomba opera. Tomando a Equação 4.14, multiplicamos ambos os lados da expressão pela gravidade (g):

$$\frac{\dot{W}_{e_{bomba}}}{\dot{m}} = \frac{p_2}{\rho_2} + \frac{\vec{v}_2^2}{2} + g \cdot h_2 - \frac{p_1}{\rho_1} - \frac{\vec{v}_1^2}{2} - g \cdot h_1$$

Nesse caso, considere que o fluido dentro de uma bomba hidráulica está em repouso; a velocidade de entrada (inicial) e a velocidade de saída (final) devem ser aproximadamente iguais, em função das perdas de carga atribuídas ao sistema. O termo da perda de carga (h_L) também será desprezado, porque o volume de controle agora está localizado dentro da bomba, ou seja, o novo cenário a ser trabalhado consiste na análise do perfil de escoamento dentro da bomba. Com o mesmo raciocínio, o termo de velocidade e o de altura também podem ser desprezados, resultando em:

$$\frac{\dot{W}_{e_{bomba}}}{\dot{m}} = \frac{\Delta p_{bomba}}{\rho}$$

Fazendo as substituições, temos:

$$\dot{W}_{entregue} = \frac{\rho \cdot A \cdot \vec{v} \cdot \Delta p_{bomba}}{\rho}$$

Podemos definir a potência entregue ao fluido como um produto da área da tubulação de entrada na bomba (A) em [m] pela velocidade de entrada do fluido na bomba ($\vec{v}$) em [m/s] e pelo gradiente de pressão (Δp_{bomba}) em [Pa]. Não devemos confundir este último termo com a diferença de pressão no sistema de escoamento, vista anteriormente. Esse gradiente de pressão corresponde às variações de pressão na entrada e na saída da bomba, ou seja, é um gradiente de pressão exclusivo para a bomba e, portanto, é fundamental para a definição da potência que a bomba entrega ao fluido.

Equação 4.15 – Equação da potência entregue ao fluido por uma bomba

$$\dot{W}_{entregue} = A \cdot \vec{v} \cdot \Delta p_{bomba}$$

Outra forma de compreender a Equação 4.15 é:

$$\dot{W}_{entregue} = A \cdot \vec{v} \cdot \Delta p_{bomba} = Q \cdot \Delta p_{bomba} = Q \cdot (\rho \cdot g \cdot \Delta h_{ac})$$

A relação $\Delta p_{bomba} = (\rho \cdot g \cdot \Delta h_{ac})$ foi tomada da expressão da variação de pressão – a **equação de Stevin-Pascal** ou **equação da hidrostática** (Equação 3.7).

4.12
Perda de carga

Em sistemas de escoamento fechado, 98% dos escoamentos são turbulentos. Dentro dos regimes de escoamentos, sejam laminares, sejam turbulentos, sempre haverá perdas – chamadas de *perdas localizadas* –, tais como:
- dissipação de energia (calor, ruído);
- atrito estático ou dinâmico;
- presença de válvulas ou registros;
- presença de medidores (de vazão ou de pressão);
- motores;
- união de tubulações;
- rugosidade;
- curvas, cotovelos, tês e outros acessórios;
- alinhamentos verticais e horizontais.

Em uma tubulação em que existam válvulas, registros e medidores, um fluido escoando respeita a Segunda Lei da Termodinâmica, segundo a qual não existe máquina de nenhum tipo que apresente 100% de rendimento, ou seja, sempre haverá perdas, e isso implica que o princípio da continuidade da massa do fluido ($\sum \dot{m}_1 = \sum \dot{m}_1$) pode não ser totalmente válido.

A **perda de carga** é definida como a dificuldade que o fluido tem de passar pela tubulação em função dos sistemas não uniformes citados anteriormente. Sua unidade dimensional de medida é o metro [m], pois se considera, em sua definição primordial, a relação entre a velocidade de escoamento e a potência no eixo da máquina em questão. Apresentaremos, na sequência, uma relação mais qualitativa – portanto, menos analítica – que permitirá um entendimento melhor sobre por que a unidade de medida da perda de carga é dada em [m].

Para Woodrow (2006), perdas de carga são as resistências em uma tubulação, como joelhos, tês e registros. O fluido já não tem uma carga real, conforme a equação de Bernoulli, já que uma parte da carga é perdida no sistema.

Bastos (1983) admite que os fluidos conseguem escoar de maneira uni, bi e tridimensional. Para qualquer um desses estados de escoamento, a velocidade não é constante com o tempo e, portanto, é consequência de perdas de carga ao longo do escoamento. Braga Filho (2006) segue o mesmo raciocínio de Bastos (1983) para a perda de carga, porém acrescenta que ela também pode ser caracterizada pela condição de não deslizamento, ou seja, está naquela região do fluido "encostada" nas paredes da tubulação, em que a velocidade é zero.

Para Brunetti (2008), a perda de carga pode ser classificada em dois tipos: o primeiro se refere ao atrito das partículas do fluido ao longo de uma tubulação linear; o segundo é o mesmo conceito desenvolvido pelos autores anteriores – o fluido perde energia em função de válvulas, curvas, obstruções parciais etc.

Fox, McDonald e Pritchard (2010) comentam que pode haver perda de carga ou de energia por transferência de calor, mas que as maiores perdas geralmente ocorrem por fatores de atrito (válvulas, redução de diâmetro, presença de bombas etc.). Os autores ainda acrescentam que devem ser atribuídos à perda de carga o conceito de número de Reynolds e o fator de atrito e rugosidade (diagrama de Moody-Rouse).

Munson, Young e Okiishi (2004) explicam que grande parte da perda de carga está vinculada às válvulas de controle, que têm a capacidade de promover uma resistência ao escoamento – o que pode ser significativo para o sistema.

Potter e Wiggert (2011) corroboram todos os conceitos já mencionados, embora se aproximem mais da concepção de Fox, McDonald e Pritchard (2010), que consideram o uso do diagrama de Moody-Rouse para calcular o fator de atrito e, também, a perda de carga.

White (2011) atribui o conceito de perda de carga às mesmas condições de Fox, McDonald e Pritchard (2010), afirmando que as bombas presentes em um sistema de escoamento, por mais que entreguem energia ao fluido, são um ponto de perda de carga.

Como exemplo, considere uma válvula parcialmente fechada, que pode ter uma perda mais acentuada do que em uma tubulação longa. Como esse padrão de escoamento é muito complexo, na maioria das vezes as perdas são medidas experimentalmente, sobretudo com relação às válvulas, que podem variar muito quanto ao projeto e ao modelo de acordo com cada fabricante, de modo que os valores das perdas de carga, em geral, são considerados pela soma da média de várias perdas de carga apontadas e relatadas nos projetos dos diferentes fabricantes.

Ainda com relação a esse assunto, White (2011) afirma que as perdas de carga na entrada são altamente dependentes da geometria da entrada da tubulação. As quinas vivas e salientes associadas a geometrias da tubulação na entrada causam perdas em um escoamento. Por outro lado, um leve arredondamento das quinas e arestas da tubulação implica uma diminuição das perdas de carga, ainda que uma entrada muito arredondada produza uma perda de carga quase desprezível. Para a saída do fluido em um volume de controle, a geometria é indiferente.

Para um escoamento na presença de um difusor de geometria cônica, a velocidade do escoamento diminui e a pressão aumenta; logo, a perda de carga em escoamentos desse tipo pode ser muito grande em virtude da separação das linhas de escoamento.

Em síntese, a perda de carga em um escoamento é uma combinação entre a recuperação do gradiente de pressão e o atrito nas paredes da tubulação.

4.13
Equação de Darcy-Weisbach

Vamos apresentar uma dedução matemática para a equação de Darcy-Weisbach. Essa equação define a relação mais adequada para o cálculo da perda de carga com base no fluxo de fluidos em um tubo inclinado – sendo adotado em um volume de controle conhecido – com uma velocidade de escoamento controlada e a uma altura definida.

Usando a definição da conservação de forças, predita pela Segunda Lei de Newton, podemos afirmar que, em um escoamento, as forças dinâmicas que atuam sobre um fluido (forças associadas à forma geométrica da tubulação e do empuxo) devem ser iguais às forças estáticas do fluido, ou seja, iguais àquelas forças associadas à propriedade de defletir a direção de movimento dos fluidos e das tensões de cisalhamento, presentes no momento em que o fluido está em contato com as paredes da tubulação. Dessa forma, temos a seguinte relação:

$\sum \vec{F} \text{Dinâmicas} = \sum \vec{F} \text{Estáticas}$

Força fluido + Força empuxo = Força defletora + Força tensão

Substituindo cada uma das forças pelas suas relações matemáticas, temos:

$$\Delta p \cdot \pi r^2 + \rho g(\pi r^2) \cdot \Delta L \cdot \sin\theta = \dot{m} \cdot (\vec{v}_2 - \vec{v}_1) + \tau \cdot 2\pi r \cdot \Delta L$$

Nessa lógica, (Δp) é a variação de pressão na tubulação em [Pa], (r) é o raio da tubulação em [m], (ρ) é a massa específica do fluido em [kg/m³], (ΔL) é o comprimento da tubulação em [m], (θ) é o ângulo de inclinação da tubulação em [°], ($\dot{m}$) é a vazão mássica em [kg/s], ($\vec{v}_{1\,e\,2}$) são as velocidades de escoamento em [m/s], e (τ) é a tensão de cisalhamento entre o fluido e a parede em [N/m²].

O objetivo dessa demonstração é encontrar uma relação entre pressão, altura e tensão cisalhante. Assim, reagrupando os termos:

$$\dot{m} \cdot (\vec{v}_2 - \vec{v}_1) = \Delta p \cdot \pi r^2 + \rho \cdot g \cdot (\pi r^2) \cdot \Delta L \cdot \sin\theta - \tau \cdot 2\pi r \cdot \Delta L$$

Sendo $\dot{m} = \rho \cdot A \cdot \vec{v}$, então:

$$\rho \cdot A \cdot \vec{v}_2 \cdot (\vec{v}_2 - \vec{v}_1) = \Delta p \cdot \pi r^2 + \rho \cdot g \cdot (\pi r^2) \cdot \Delta L \cdot \sin\theta - \tau \cdot 2\pi r \cdot \Delta L$$

Passando o termo ($\rho \cdot A = \rho \cdot \pi r^2$) e dividindo o lado direito da igualdade, temos:

$$\pi r^2 \cdot \vec{v}_2 \cdot (\vec{v}_2 - \vec{v}_1) = \frac{\Delta p \cdot \pi r^2}{\rho \cdot \pi r^2} + \frac{\rho \cdot g \cdot (\pi r^2) \cdot \Delta L \cdot \sin\theta}{\rho \cdot \pi r^2} - \frac{\tau \cdot 2\pi r \cdot \Delta L}{\rho \cdot \pi r^2}$$

Se $\vec{v}_1 = \vec{v}_2$, então $\vec{v}_2(0) = 0$. Logo:

$$0 = \frac{\Delta p}{\rho} + g \cdot \Delta L \cdot \sin\theta - \frac{\tau \cdot 2 \cdot \Delta L}{\rho r}$$

Dividindo ambos os lados por (g), temos:

$$\frac{\tau \cdot 2 \cdot \Delta L}{\gamma r} = \frac{\Delta p}{\gamma} + \Delta L \cdot \sin\theta$$

Admitindo que $\Delta h = \Delta L \cdot \sin\theta$ e que ambas as relações representam a perda de carga em um sistema de escoamento, então:

$$\frac{\tau \cdot 2 \cdot \Delta L}{\gamma r} = h_L = \frac{\Delta p}{\gamma} + \Delta h$$

Chegamos, dessa forma, à próxima equação.

Equação 4.16 – Equação da perda de carga como função do gradiente de pressão em um escoamento

$$h_L = \frac{\Delta p}{\gamma} + \Delta h$$

Por definição, estima-se o que vemos na Equação 4.17.

Equação 4.17 – Equação da tensão de cisalhamento em um escoamento

$$\tau = \frac{\rho \cdot \vec{v}^2}{8} \cdot f$$

Nessa equação, (f) é o fator de atrito, uma variável adimensional que completa a dimensão da grandeza mensurada da tensão cisalhante (τ).

Desse modo, chegamos à Equação 4.18.

Equação 4.18 – Equação da perda de carga como função da tensão de cisalhamento em um escoamento

$$\frac{\tau \cdot 2 \cdot \Delta L}{\gamma \cdot r} = h_L$$

Aplicando a Equação 4.17 na Equação 4.18, temos:

$$h_L = \frac{\rho \cdot \vec{v}^2}{8} \cdot f \cdot \frac{2 \cdot \Delta L}{\gamma \cdot r}$$

Logo:

$$h_L = \frac{\vec{v}^2 \cdot f \cdot \Delta L}{4 \cdot g \cdot r}$$

Considerando $r = \frac{D}{2}$, chegamos à equação de Darcy-Weisbach.

Equação 4.19 – Equação de Darcy-Weisbach de perda de carga em um escoamento fechado

$$h_L = \frac{f \cdot L \cdot v^2}{D \cdot 2 \cdot g}$$

Segundo Munson, Young e Okiishi (2004), as perdas de carga distribuídas em condutores retos e longos podem ser calculadas com base no fator de atrito obtido com o diagrama de Moody-Rose ou por uma equação equivalente, a **equação de Colebrook**, para o fator de atrito. Entretanto, a maioria das tubulações apresenta outros componentes além dos trechos de conduto reto. Esses componentes adicionais (como válvulas, cotovelos e tês) também contribuem para as perdas de carga na tubulação – as **perdas localizadas ou singulares**.

Equação 4.20 – Equação de Colebrook para o fator de atrito

$$\frac{1}{\sqrt{f}} = -0,86 \cdot \ln \cdot \left(\frac{e}{3,7D} + \frac{2,51}{Re\sqrt{f}} \right)$$

A equação de Colebrook relaciona a rugosidade de uma tubulação (e) com a geometria do conduto (D) e somente pode ser usada quando há um regime de escoamento de transição, ou seja, um regime de um escoamento laminar para o turbulento e vice-versa. Para um regime completamente turbulento de escoamento, é adotada a **equação de von Kárman-Prandtl**, admitindo-se que a rugosidade na tubulação seja nula (e = 0):

$$\frac{1}{\sqrt{f}} = 0,86 \cdot \ln \cdot Re \cdot \sqrt{f} - 0,8$$

Se o escoamento ocorrer em um tubo liso, a equação de von Kárman-Prandtl pode ser reescrita, considerando-se que o número de Reynolds torna-se infinito (Re = ∞):

$$\frac{1}{\sqrt{f}} = -0,86 \cdot \ln \cdot \frac{e}{3,7D}$$

As perdas de carga associadas ao escoamento em uma válvula são propositais, uma forma de perda controlada – o propósito é fornecer controle à vazão do fluido (o ato de abrir ou fechar a válvula altera o padrão do escoamento), que, por sua vez, altera o coeficiente de perdas do escoamento. A resistência ao escoamento com a válvula totalmente fechada é infinita, pois o fluido não pode escoar.

É importante ressaltar que a válvula totalmente aberta não significa total falta de resistência ao fluxo do fluido. Como não há uma análise teórica que indique detalhes do escoamento voltado às perdas de carga de válvulas abertas, as perdas normalmente são obtidas experimentalmente.

O método mais comum utilizado para determinar a perda de carga – ou perda de pressão – tem por base o coeficiente de perda de carga (k_l), que é estimado pela equação de Darcy-Weisbach, correspondendo a uma análise dimensional das grandezas presentes na equação da perda de carga. A relação é empírica e condiciona a perda de carga (h_L) às perdas ocasionadas pelos gradientes de pressão (Δp), de modo que dessa correlação se retira um fator, uma constante ou um coeficiente de perda de carga (k_l) adimensional. A relação será dada por:

$$k_l = \frac{hl}{\frac{\vec{v}^2}{2g}} = \frac{\Delta p}{\frac{\rho \cdot \vec{v}^2}{2}}$$

Chegamos, assim, às equações a seguir.

Equação 4.21 – Equação da queda de pressão como função do coeficiente de perda de carga

$$\Delta p = k_l \frac{1}{2} \cdot \rho \cdot \vec{v}^2$$

Equação 4.22 – Equação da perda de carga localizada como função do coeficiente de perda de carga

$$h_L = k_l \cdot \frac{\vec{v}^2}{2g}$$

Nesse caso, (h_L) é a perda de carga em [m], (k_l) é o coeficiente de perda, ($\vec{v}$) é a velocidade em [m/s], (Δp) é o gradiente de pressão em [Pa] e (ρ) é a massa específica em [kg/m³].

As Equações 4.21 e 4.22 estão dimensionalmente corretas e relacionam-se entre si pelo coeficiente de perda de carga. Elas corroboram a teoria segundo a qual haverá perdas de carga sempre que ocorrer queda de pressão em um escoamento. A maioria das análises de escoamento em condutos utiliza o método do coeficiente de perda.

A variação de diâmetro é observada em diversos tipos de tubulações e dutos. Como as seções transversais podem sofrer alteração de tamanho e forma geométrica, o diâmetro geralmente acompanha essas variações. A consequência disso é a variação do diâmetro na entrada em relação ao diâmetro na saída da tubulação. De forma geral, as perdas de carga em tubulações que apresentam variação abruptamente (ou devagar) não são consideradas nos cálculos de escoamentos que apresentam um comportamento plena ou totalmente desenvolvido.

Figura 4.10 – Tipos de entrada de alimentação de tubulação

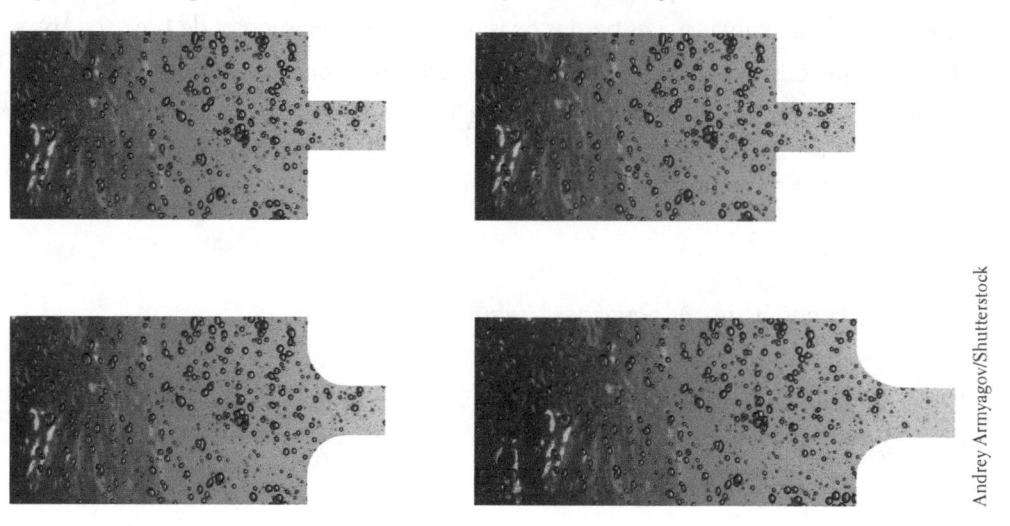

A Figura 4.10 mostra as diferentes geometrias na entrada de uma tubulação, sendo um exemplo de comportamento de fluidos em situações em que há variação de diâmetro na tubulação. O quadrante superior direito da figura apresenta o esboço típico de um escoamento em uma entrada com canto vivo. Nessas condições, o escoamento principal apresenta um diâmetro igual ao do orifício de saída; no entanto, como há uma separação, ou seja, uma dimensão geométrica diferente daquela da entrada, o fluido sofre redução de seção ainda maior a jusante da placa de saída. Forma-se, então, a *vena contracta*, caracterizada como uma região de menor diâmetro, maior velocidade de escoamento e menor pressão.

Figura 4.11 – Formação de uma *vena contracta*

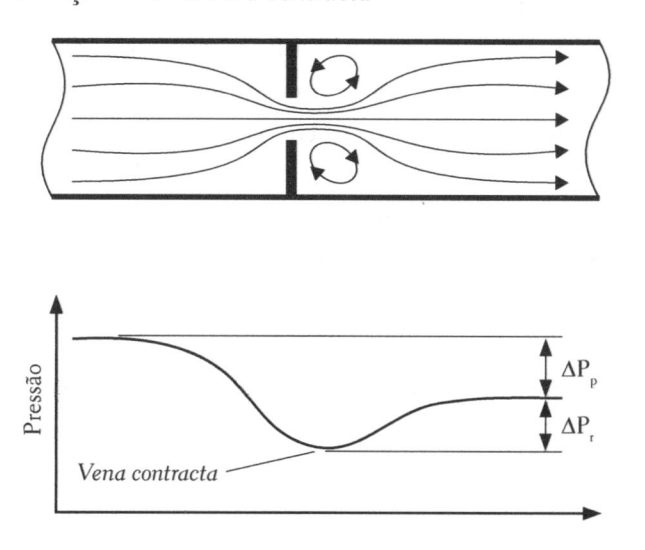

Uma parte significativa das perdas analisadas é atribuída aos efeitos de inércia, presentes em virtude da tensão de cisalhamento no fluido. Somente uma pequena porção dessa perda é provocada pela tensão de cisalhamento na parede. Uma maneira óbvia de diminuir a perda de entrada é arredondar a entrada da Figura 4.10 (quadrante inferior esquerdo), de modo que seja possível reduzir ou até mesmo eliminar a ocorrência de *vena contracta*. Com ajustes na região do escoamento, é possível reduzir o coeficiente de perda para regiões de entrada e saída de um sistema em função do raio de arredondamento da borda; o resultado é uma redução significativa de (k_l) simplesmente com o arredondamento suave da região de entrada.

4.14
Escoamento totalmente desenvolvido

Um escoamento totalmente desenvolvido corresponde a uma interpretação do fluxo de fluido em uma tubulação muito mais precisa. Contudo, um escoamento só pode ser totalmente desenvolvido sob condições em que não existam variações no regime de escoamento. Quando um escoamento é considerado totalmente desenvolvido, é possível realizar cálculos de vazão volumétrica, de velocidade de escoamento e de perda de carga sem recorrer às expressões anteriores (equações de Hagen-Poiseuille). Em outras palavras, as expressões anteriores serão usadas quando um escoamento não for considerado totalmente desenvolvido.

Vamos, então, definir um escoamento totalmente desenvolvido considerando, primeiramente, um tubo circular por onde um fluido escoa permanentemente em regime laminar, sem transições. A superfície do tubo exerce uma força de cisalhamento retardante sobre o escoamento, fazendo com que a velocidade do fluido nas proximidades da parede seja reduzida (Figura 4.12).

Figura 4.12 – Escoamento totalmente desenvolvido

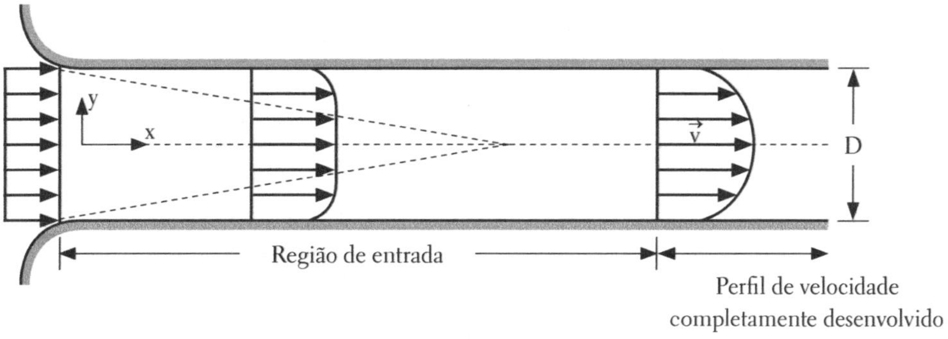

Fonte: Adaptado de Fox; McDonald; Pritchard, 2010, p. 325.

A Figura 4.12 mostra a região de entrada do duto, com uma linha central de escoamento e com uma velocidade de escoamento aproximadamente igual, tanto no centro do duto como nas laterais – representada na figura por setas quase do mesmo tamanho.

Suficientemente longe da entrada de escoamento, os tamanhos das setas são diferentes (maiores no centro do duto e menores nas laterais), indicando que a velocidade de escoamento é diferente do centro em relação às paredes da tubulação. Quando o escoamento permanece dessa forma, ou seja, sem alterações em seu regime, com rugosidade (e) média e sem curvas ou cotovelos que alterem a direção e a velocidade de escoamento, a linha central torna-se inteiramente viscosa, e o perfil das velocidades não se altera com o avanço do escoamento. Dizemos que, nesse caso, o escoamento encontra-se **totalmente desenvolvido**. Ainda assim, existem perdas de carga, que devem ser calculadas utilizando-se outra interpretação do escoamento, com o suporte das equações de Hagen-Poiseuille.

4.15
Equações de Hagen-Poiseuille

Vamos finalizar este capítulo demonstrando as equações de Hagen-Poiseuille, referentes à velocidade de escoamento totalmente desenvolvido, à vazão volumétrica e à perda de carga. Considere a Figura 4.13, a qual representa um segmento de duto coaxial com um duto de raio menor (r) e outro maior (R), ambos de comprimento (L). Um fluido se desloca pelo interior dos dutos, permeando-os simultaneamente.

Figura 4.13 – Escoamento totalmente desenvolvido

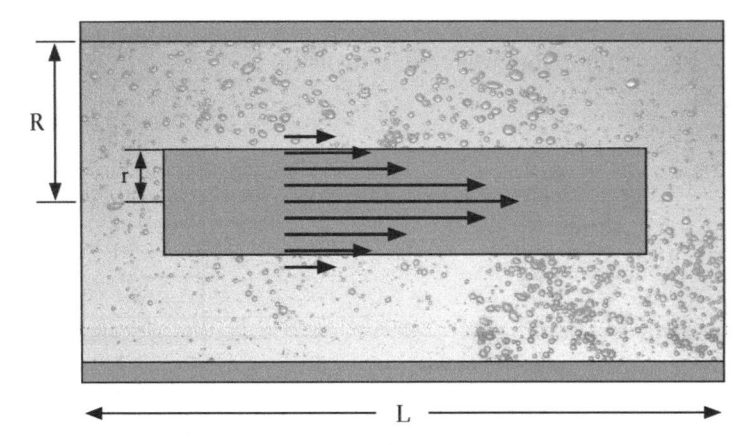

Fonte: Adaptado de Fox; McDonald; Pritchard, 2010, p. 325.

Para descrevermos as equações de Hagen-Poiseuille, vamos considerar duas condições:

1. **Força sobre o fluido**: $\vec{F} = \vec{F}_1 - \vec{F}_2 = \Delta p \cdot \pi r^2$. Sobre o fluido é exercida uma pressão, por se tratar de um escoamento em sistemas fechados.
2. **Área do cilindro**: $A = 2\pi r \cdot L$. O duto apresenta uma geometria conhecida e bem definida.

Além disso, devemos levar em conta que o fluido sente uma **tensão de cisalhamento** (τ) nas paredes da tubulação. Depois, considerando a Segunda Lei de Newton, estabelecemos que as forças presentes nesse sistema são conservadas, o que implica afirmar que a força ($\vec{F}$) deve estar em equilíbrio com as forças de viscosidade. Logo:

$$\tau = \frac{\sum \vec{F}}{A} = \mu \cdot \frac{d\vec{v}}{dy}$$

$$\sum \vec{F} = A \cdot \mu \cdot \frac{dV}{dy}$$

Nesse caso, (μ) é a viscosidade dinâmica do fluido em [Pa · s] e a relação $\left(\frac{d\vec{v}}{dy}\right)$ corresponde à velocidade do fluido em função da geometria em [m/s]. Usaremos essa expressão para fazer o somatório das forças presentes nesse escoamento – forças sobre o fluido da relação supracitada. Então:

$$\Delta p \cdot \pi r^2 = \mu \cdot (2\pi r \cdot L) \cdot \frac{d\vec{v}}{dr}$$

Logo:

$$d\vec{v} = \frac{\Delta p}{2 \cdot \mu \cdot L} \cdot r \cdot dr$$

Integrando ambos os lados, temos:

$$\int d\vec{v} = \int_r^R \frac{\Delta p}{2 \cdot \mu \cdot L} \cdot r \cdot dr$$

Como resultado, temos a próxima equação.

Equação 4.23 – Equação da velocidade de Hagen-Poiseuille para um escoamento totalmente desenvolvido

$$\vec{v} \cdot (r) = \frac{\Delta p}{4 \cdot \mu \cdot L} \cdot (R^2 - r^2)$$

Se o cilindro interno tiver raio (r) e raio externo (r + dr), o volume de fluido que atravessa uma seção reta do tubo será $dV = \vec{v} \cdot dt \cdot dA$. Logo, fazemos $L \cong dr$, de modo que:

$$dV = \frac{\Delta p}{4 \cdot \mu \cdot L} \cdot (R^2 - r^2) \cdot (2\pi r \cdot dr) \cdot dt$$

Integrando o lado direito da expressão, temos:

$$dV = \int_0^R \frac{\Delta p}{4 \cdot \mu \cdot L} \cdot (R^2 - r^2) \cdot (2\pi r \cdot dr) \cdot dt$$

$$dV = \frac{\pi \cdot p}{2 \cdot \mu \cdot L} \cdot \left[\int_0^R (R^2 - r^2) \cdot r \cdot dr \right] \cdot dt$$

Resolvendo, temos:

$$dV = \frac{\pi \cdot p}{8 \cdot \mu \cdot L} \cdot \frac{R^4}{4} \cdot dt$$

Também consideramos:

$$\frac{dV}{dt} = Q = \frac{\pi \cdot \Delta p \cdot R^4}{8 \cdot \mu \cdot L}$$

e

$$R = \frac{D}{2}$$

Então:

$$Q = \frac{\pi \cdot \Delta p \cdot D^4}{8 \cdot 2^4 \mu L}$$

Assim, fica definido o cálculo da vazão pela equação de Hagen-Poiseuille para escoamentos totalmente desenvolvidos.

Equação 4.24 – Equação da vazão volumétrica de Hagen-Poiseuille

$$Q = \frac{\pi \cdot \Delta p \cdot D^4}{128 \cdot \mu \cdot L}$$

Podemos ir além e considerar que a viscosidade dinâmica do fluido é definida como o produto da massa específica pela viscosidade absoluta, dada em [m^2/s] ($\mu = \rho \cdot \nu$). Então, substituindo a Equação 4.24, com um pouco de álgebra, temos:

$$Q \cdot L \cdot 128 = \frac{\pi \cdot \Delta p \cdot D^4}{\rho \cdot \mathcal{V}}$$

Multiplicando ambos os lados por $\left(\dfrac{1}{g}\right)$, a fim de encontrar $\dfrac{\Delta p}{\gamma} = h_L$, temos:

$$\frac{Q \cdot L \cdot 128 \cdot \mathcal{V}}{g \cdot \pi \cdot D^4} = \frac{\Delta p}{\gamma}$$

Assim, chegamos à Equação 4.25.

Equação 4.25 – Equação da perda de carga de Hagen-Poiseuille para um escoamento totalmente desenvolvido

$$h_L = \frac{Q \cdot L \cdot 128 \cdot \mathcal{V}}{g \cdot \pi \cdot D^4}$$

Concluindo, podemos afirmar que as equações de Hagen-Poiseuille são uma tentativa de determinar quais fatores controlam a velocidade de escoamento de um fluido quando ele se desloca por um tubo. Algumas condições devem ser observadas como resultado interpretativo do uso dessas equações. Assim, é preciso:

- analisar se existe **diferença de pressão entre as extremidades** da tubulação, caso no qual é possível estabelecer que, quanto maior for a diferença de pressão, maior será a velocidade de escoamento do fluido;
- analisar o **comprimento da tubulação**, caso as dimensões permitam uma quantidade maior de líquido escoando através da tubulação;
- analisar o **diâmetro da tubulação**, sendo que haverá mais líquido escoando através de uma tubulação de diâmetro maior do que em um tubo de pequeno diâmetro, no mesmo período de tempo (essa condição é fundamental, pois garante o princípio da conservação da massa);
- analisar a **viscosidade do fluido**, pois a viscosidade está associada à massa específica do fluido e isso determina a facilidade do fluido em escoar pela tubulação.

–Síntese

Neste capítulo, mostramos que todo o escoamento em um sistema fechado pode ser descrito com um volume de controle. Neste, sempre é preciso determinar um ponto que corresponda a uma entrada (1) e a uma saída (2). Essas definições posicionais auxiliam na resolução dos problemas.

Além disso, o princípio da conservação da massa deve ser garantido, pois, mesmo em sistemas com perdas de carga, a massa do fluido deve ser conservada, não havendo a possibilidade de "aumentar" a quantidade de massa em função apenas do regime de escoamento.

Em se tratando de escoamentos com "obstáculos", é possível admitir que o fluxo deverá ocorrer segundo as leis gerais dos defletores. No entanto, se um defletor estiver parado ou em movimento, isso implicará o uso particular das equações de movimento de defletores estáticos ou dinâmicos, respectivamente.

Também destacamos que a equação de Bernoulli é a mais famosa das equações em mecânica dos fluidos, pois considera os principais parâmetros em um escoamento, como velocidade, pressões no volume de controle e diferenças de alturas, uma vez que todos os escoamentos ocorrem em locais onde a aceleração da gravidade é conhecida.

Em sistemas que têm bombas hidráulicas ou turbinas, há a necessidade de considerar nos cálculos de Bernoulli a presença de uma perda de carga, que corresponde às perdas de energia no escoamento em função da distância; por isso, sua unidade é dada em [m] – a equação de Bernoulli sofre uma adaptação, tornando-se uma equação energética de Bernoulli.

Com isso, como demonstramos, é possível calcular qual será a potência que a bomba ou a turbina entrega ao fluido e, conjuntamente, determinar, pela equação de Darcy-Weisbach, qual é a perda de carga localizada no sistema de escoamento – por exemplo, ao longo do escoamento de uma tubulação de uma refinaria de petróleo.

Por fim, esclarecemos que, em tubulações consideravelmente longas, o escoamento é iniciado com características ainda não muito bem definidas. No início, os regimes de transição podem ser turbulentos ou laminares; porém, com o tempo – e não havendo curvas ou cotovelos que alterem a direção do escoamento, ocasionando outras perdas de carga localizada (o que pediria o uso da equação de Darcy-Weisbach novamente) –, o escoamento pode se tornar totalmente desenvolvido, com velocidades maiores nas linhas de corrente no centro do escoamento (centro da tubulação) e menores nas laterais da tubulação (nas proximidades das paredes). Nessa condição, a perda de carga, a vazão volumétrica e a velocidade do fluido podem ser calculadas pelas equações de Hagen-Poiseuille.

Tendo tudo isso em vista, é válido ressaltarmos que, como o volume de controle compreende o setor da entrada da tubulação até um ponto de saída, caracterizam-se a entrada e a saída do volume de controle com os índices 1 e 2, respectivamente. Assim, a energia total contida na entrada, no início do escoamento, deve ser igual, pela Lei da Conservação da Energia, à energia no final (saída) do escoamento. É preciso também respeitar as proporções mássicas, mesmo considerando as perdas de carga na entrada, altamente dependentes da geometria de entrada da tubulação.

Questões para revisão

1. Faça a análise dimensional da variável (h_L) da equação de Hagen-Poiseuille (Equação 4.24) e compare-a com as outras dimensões usadas para representar a mesma variável.

2. Faça a análise dimensional de (f) na Equação 4.19.

3. Faça a análise dimensional da Equação 4.24 e mostre que a vazão é dada em [m^3/s].

4. Sobre a equação energética de Bernoulli, é correto afirmar:
   a) A soma de todas as energias atribuídas ou retiradas de um fluido em um escoamento deve ser igual às energias distribuídas ao longo do sistema de escoamento.
   b) A subtração de todas as energias atribuídas ou retiradas de um fluido em um escoamento deve ser igual às energias distribuídas ao longo do sistema de escoamento.
   c) A soma de todas os gradientes de pressão em um fluido em escoamento deve ser igual às energias distribuídas ao longo do sistema de escoamento.
   d) A soma de todas as energias atribuídas ou retiradas de um fluido em um escoamento compressível deve ser igual às energias distribuídas ao longo do sistema de escoamento.
   e) A soma de todas as energias atribuídas ou retiradas de um fluido em um escoamento deve ser igual às pressões ao longo do sistema de escoamento.

5. Sobre a equação de Bernoulli, é correto afirmar:
   a) Considera a relação entre pressão e temperatura.
   b) Admite que a velocidade de escoamento é proporcional à pressão da entrada no duto.
   c) Mostra que a pressão varia somente com a geometria da tubulação.
   d) Relaciona a pressão, a velocidade de um fluido incompressível escoando em um regime laminar, a massa específica do fluido e a altura no início e no final do escoamento.
   e) Relaciona a velocidade de um fluido compressível escoando em um regime laminar, a massa específica do fluido e a altura no início e no final do escoamento.

6. O ar escoa através de uma tubulação de 8 cm de diâmetro a uma velocidade média de 70 m/s, com uma temperatura de 20 °C e pressão de 200 kPa. Qual é a vazão em massa, aproximadamente?

7. Uma empresa de testes aerodinâmicos montou um banco de testes para turbinas de avião. Um teste típico forneceu os resultados relacionados a seguir. Determine a vazão em massa e o empuxo da turbina ensaiada:
   - Velocidade na seção de alimentação = 200 m/s
   - Velocidade na seção de descarga = 500 m/s
   - Área da seção de alimentação = 1 m^2
   - Pressão estática de alimentação = –22,5 kPa
   - Pressão do ar na seção de alimentação = 78,5 kPa
   - Temperatura estática na seção de alimentação = 268 K
   - Pressão estática na seção de descarga = 0 kPa

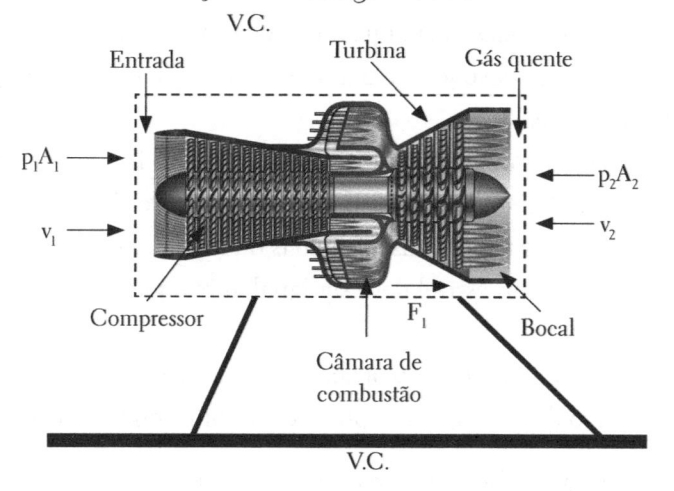

8. Uma bomba de água apresenta vazão, em regime permanente, igual a 0,019 m^3/s. A pressão na seção de alimentação da bomba é de 1,24 bar, e o diâmetro do tubo de alimentação é igual a 89 mm. A seção de descarga apresenta diâmetro igual a 25 mm, e a pressão neste local é de 4,14 bar. A variação de elevação entre os centros de alimentação e a descarga é nula, e as perdas de energia são desprezíveis. Considerando como fluido a água, determine a potência no eixo, em módulo, necessária para operar a bomba, admitindo que ela opere de modo adiabático.

$D_1 = 89$ mm

$\dot{W}_e$

$D_2 = 25$ mm

$p_1 = 1{,}24$ bar
$V2 = ?$

$p_2 = 4{,}14$ bar
$V2 = ?$
$Q = 0{,}019$ m³/s

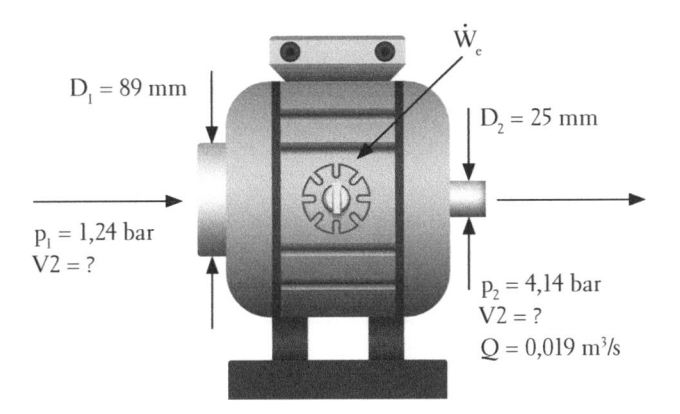

Para saber mais

Para você aprofundar seus estudos sobre o tema do capítulo, sugerimos os seguintes materiais:

POTTER, M. C.; WIGGERT, D. C. **Mecânica dos fluidos**. São Paulo: Thompson Learning, 2004. Cap. 4. p. 103-148.

SAWANT, S. **Simulating Hagen Poiseuille Flow**. 28th Jan. 2013. Disponível em: <https://www.youtube.com/watch?v=3eugpW5pBnY>. Acesso em: 19 jun. 2017.

STRONG, E. **The Bernoulli Equation**. 13th May 2013. Disponível em: <https://www.youtube.com/watch?v=IneyT4kRDAU>. Acesso em: 19 jun. 2017.

_____. **The Continuity Equation**. 6th May 2013. Disponível em: <https://www.youtube.com/watch?v=wykn-JTnacE>. Acesso em: 19 jun. 2017.

VERTCHENKO, L.; DICKMAN, A. G.; FERREIRA, J. F. Transferência de fluido por meio de um sifão vs. aplicação da equação de Bernoulli. **Revista Brasileira de Ensino de Física**, v. 31, n. 3, p. 3301, 2009. Disponível em: <http://www.scielo.br/pdf/rbef/v31n3/090109.pdf>. Acesso em: 19 jun. 2017.

WHITE, F. M. **Mecânica dos fluidos**. 6. ed. Porto Alegre: AMGH, 2011.

WIKILIVROS. **Mecânica dos fluidos**: cálculo da perda de carga em tubulações. Disponível em: <https://pt.wikibooks.org/wiki/Mec%C3%A2nica_dos_fluidos/C%C3%A1lculo_da_perda_de_carga_em_tubula%C3%A7%C3%B5es>. Acesso em: 19 jun. 2017.

capítulo 5

Conteúdos do capítulo:

- Diagrama de Moody-Rouse.
- Equações de Swamee & Jain.
- Processos de transferência de calor: condução, convecção e radiação.
- Leis de Fourier (para a condução).
- Lei de Resfriamento de Newton (para a convecção).
- Lei de Stefan-Boltzmann (para a radiação).

Após o estudo deste capítulo, você será capaz de:

- apresentar soluções alternativas para o cálculo da perda de carga;
- usar a equação de Darcy-Weisbach com dados do diagrama de Moody-Rouse;
- resolver problemas usando a equação de Swamee & Jain;
- analisar os aspectos da transferência de calor;
- elaborar cálculos para identificar o fluxo de calor em superfícies (série e paralelo);
- dimensionar o fluxo de calor usando a equação de Stefan-Boltzmann.

Condições de contorno e dos coeficientes de transferência

Neste capítulo, o diagrama de Moody-Rouse será apresentado como forma de se calcular o fator de atrito, parâmetro importante dentro da equação da perda de carga de Darcy-Weisbach. As perdas de carga, o tamanho de uma tubulação e a vazão da tubulação devem ser considerados nos cálculos em fenômenos de transporte. Assim, trataremos também das equações de Swamee & Jain, importantes para o estudo em questão. Essa equação é uma forma alternativa de calcular as propriedades supracitadas, já que não é preciso considerar um fator de atrito, uma vez que a rugosidade da tubulação já é considerada nas expressões. Na sequência, abordaremos os processos de transferência de calor como forma de descrever os fenômenos de transferência de energia de um sistema para outro. Quanto aos processos básicos de condução, convecção e radiação, examinaremos livremente as leis de Fourier (para a condução), a Lei de Resfriamento de Newton (para a convecção) e a Lei de Stefan-Boltzmann (para a radiação).

> **Fenômenos da natureza para um estudo de caso**
>
> Como seria possível calcular a perda de carga em uma tubulação usada para escoamento de petróleo bruto? Suponha que, nesse caso, a tubulação em questão tem dezenas de metros de comprimento, com curvas, cotovelos e registros de segurança para a vazão. Assim, qual seria a melhor estratégia para a identificação do valor de perda de carga para esse sistema? Como seria calculado o fator de atrito? Se a rugosidade deve ser considerada em um sistema fechado, como se calcula a vazão volumétrica de um sistema que apresenta rugosidade? Quando se fala em perda de carga, como a transferência de calor em um escoamento pode ser admitida com perdas? Quais são os principais tipos de transferência de calor? A transferência de calor ocorre somente em tubulações ou pode ocorrer também em sistemas como uma parede, na construção civil?

5.1 Diagrama de Moody-Rouse

O diagrama de Moody-Rouse (Figura 5.1) é utilizado para determinar o fator de fricção ou o coeficiente de atrito, sendo essa uma variável de proporção, usada na equação de Darcy-Weisbach para encontrar a perda de carga em uma tubulação.

Para fazer a leitura do diagrama, é necessário conhecer o número de Reynolds e a rugosidade relativa da tubulação, pois, quanto mais rugosa for a tubulação, mais turbulento será o fluxo. Toda tubulação ou duto tem uma rugosidade intrínseca; contudo, depois de certo tempo de uso, esses sistemas fechados apresentam rugosidades cada vez maiores. As rugosidades implicam perdas no escoamento associadas às tensões de cisalhamento, ao atrito e às turbulências – dados estimados pela variável da perda de carga.

Vamos então mostrar como se divide o diagrama de Moody-Rouse. Observe que existe, na Figura 5.1, uma linha pontilhada que começa no meio do diagrama e segue para o canto inferior direito. Essa linha (----) divide o diagrama, essencialmente, em escoamentos turbulentos (a sua direita) e laminares ou de transição (a sua esquerda). Para determinar o fator de atrito/fricção, basta considerar a razão entre o valor da rugosidade absoluta – no diagrama, simbolizado por (ε) – e o valor do diâmetro da tubulação, ambos na mesma unidade do Sistema Internacional de Medidas (SI). O resultado será o que se chama em fenômenos de transporte de *rugosidade relativa* – um valor adimensional que está representado pelo eixo vertical direito no diagrama de Moody-Rouse.

O próximo passo é calcular o número de Reynolds (caso ele ainda não tenha sido informado) no eixo horizontal inferior. Em seguida, são traçadas uma linha na horizontal, que corresponde ao valor da rugosidade relativa, e uma linha na vertical, que corresponde ao número de Reynolds. A intersecção dessas linhas marca um ponto dentro do diagrama de Moody-Rouse. Projeta-se então uma linha reta a partir desse ponto, para a esquerda do diagrama, e o valor obtido representa o fator de fricção/atrito.

O diagrama de Moody-Rouse, combinado com a equação de Darcy-Weisbach, auxilia no estudo da perda de carga resultante de um fluido em movimento em uma tubulação.

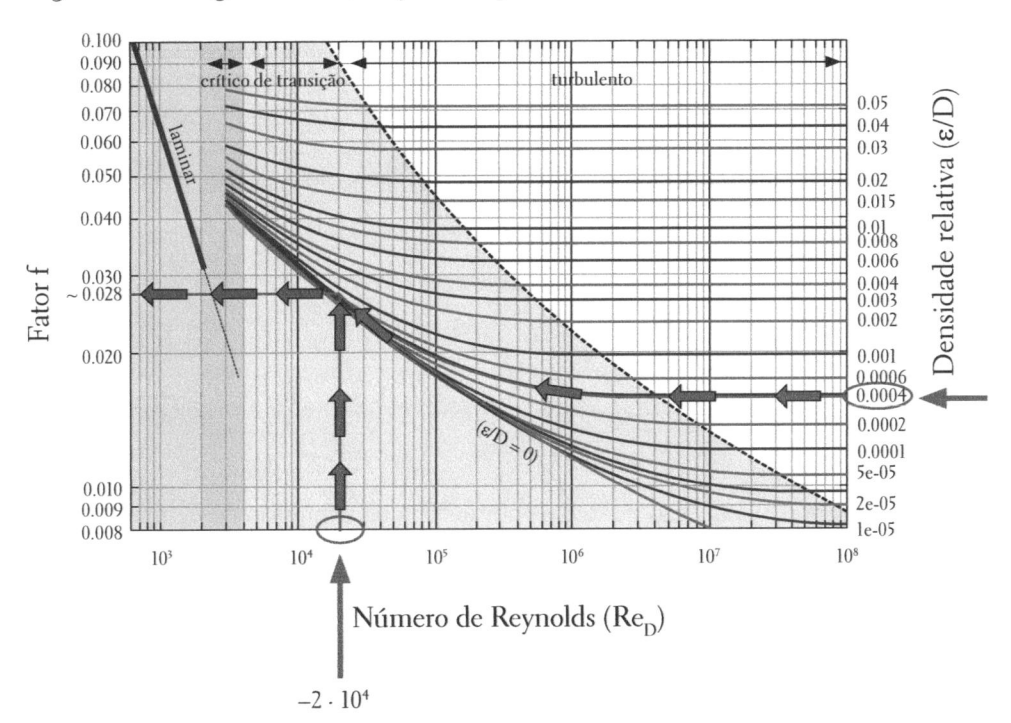

Figura 5.1 – Diagrama de Moody-Rouse para estimativa do coeficiente de atrito

5.2
Definição das equações

De forma geral, é possível definir uma expressão para o fator de atrito usando-se a Equação 4.24 (equação de Hagen-Poiseuille), por meio da qual se pode chegar a $f = \dfrac{64}{Re}$. Essa relação não substitui o uso do diagrama de Moody-Rouse. É preciso encontrar o fator de atrito e, depois, calcular as perdas de carga em um sistema de escoamento – embora ele possa fornecer uma boa aproximação numérica, caso a tubulação não apresente muitas curvas, cotovelos, registros ou válvulas, elementos que caracterizam a presença de perdas de carga de forma muito seccionada.

Via de regra, a relação $f = \dfrac{64}{Re}$ só é usada em situações em que, com base no diagrama de Moody-Rouse, não é possível estimar com clareza um valor numérico para o fator de atrito. Contudo, vamos demonstrar seus passos matemáticos para ampliar o conhecimento sobre o perfil dos escoamentos.

Tomando a Equação 4.24, temos:

$$Q = \frac{\pi \cdot \Delta p \cdot D^4}{128 \cdot \mu \cdot L}$$

Fazemos, depois, a multiplicação de ambos os lados por (1/g):

$$\frac{1}{g} \cdot Q = \frac{\pi \cdot \Delta p \cdot D^4}{128 \cdot \mu \cdot L} \cdot \frac{1}{g}$$

$$\frac{Q}{g} = \frac{\pi \cdot \Delta p \cdot D^4}{128 \cdot \gamma \cdot \mathcal{V} \cdot L}$$

$$\frac{\Delta p}{\gamma} = \frac{128 \cdot \mathcal{V} \cdot L \cdot Q}{\pi \cdot g \cdot D^4} = h_L$$

$$Q = A \cdot \vec{v} = \frac{\pi \cdot D^4}{4} \cdot \vec{v}$$

Substituindo a definição de vazão volumétrica na expressão da perda de carga (h_L), chegamos a:

$$h_L = \frac{\pi \cdot D^4}{4} \cdot \vec{v} \cdot \frac{128 \cdot \mathcal{V} \cdot L}{\pi \cdot g \cdot D^4}$$

$$h_l = \frac{\vec{v} \cdot 32 \cdot \mu \cdot L}{\rho \cdot g \cdot D^2}$$

Já sabemos que:

$$h_l = \frac{f \cdot L \cdot v^2}{D \cdot 2 \cdot g}$$

Substituímos então (h_L):

$$\frac{f \cdot L \cdot v^2}{D \cdot 2 \cdot g} = \frac{\vec{v} \cdot 32 \cdot \mu \cdot L}{\rho \cdot g \cdot D^2}$$

Ficamos, assim, com o seguinte resultado:

$$f = 64 \cdot \frac{\mu}{\rho \cdot D \cdot \bar{v}}$$

Sabemos, ainda, que:

$$Re = \frac{\rho \cdot \bar{v} \cdot d}{\mu}$$

Então:

$$f = \frac{64}{Re}$$

Recomendamos que se use esta última expressão com cuidado, pois o diagrama de Moody-Rouse apresenta incertezas na determinação do valor da força de atrito, ainda que dentro do erro esperado, considerando sua obtenção de forma puramente "manual".

5.3
Equações de Swamee & Jain

Nos capítulos anteriores, esclarecemos que os regimes de escoamento são classificados por meio do número de Reynolds da seguinte forma: laminar (inferior a 2.000) e turbulento (acima de 2.000-2.300). Literaturas específicas indicam, ainda, que o regime turbulento pode ser subdividido em outros três tipos: condutos lisos, turbulento de transição e turbulência plena. Para cada um desses regimes de escoamento turbulento, o fator de atrito (f) somente pode ser determinado por equações empíricas, tais como as apresentadas na sequência de expressões com base nas Equações 4.16, 4.19 e 4.20.

Em 1976, Prabhata K. Swamee & Akalank K. Jain definiram uma **expressão geral** (Equação 5.1) capaz de estimar o fator de atrito (f) sem restrições quanto ao regime de escoamento, ao número de Reynolds e à rugosidade relativa.

Equação 5.1 – Equação de Swamee & Jain para o cálculo do fator de atrito

$$f = \left[\left(\frac{64}{Re}\right)^8 + 9{,}5 \left[\ln\left(\frac{e}{3{,}7D} + \frac{5{,}74}{Re}\right) - \left(\frac{2500}{Re}\right)^6 \right]^{-16} \right]^{0{,}125}$$

Mesmo a Equação 5.1 do fator de atrito de Swamee & Jain sendo de aplicação geral e reproduzindo o diagrama de Moody-Rouse, os projetistas ainda relutam em utilizá-la em virtude do número reduzido de estudos sobre ela, já que podem ocorrer desvios capazes de condenar um sistema de irrigação, seja por superdimensionamento, seja por elevação de custos, seja pelo subdimensionamento, que resulta em vazões e pressões inferiores às projetadas. Partiremos do princípio de que as expressões empíricas determinam satisfatoriamente o valor (f). Assim, realizamos um estudo comparativo entre essas equações e a equação geral de Swamee & Jain, a fim de comprovar seu uso em qualquer situação de regime de escoamento (Sousa; Dantas Neto, 2014).

Vamos considerar, por definição, que as equações de Swamee & Jain (1976) são uma alternativa ao uso do diagrama de Moody-Rouse, da equação de Darcy-Weisbach e da vazão volumétrica. Isso se justifica ao considerarmos um fator de atrito implícito em suas relações matemáticas, de tal forma que o fator de atrito como o definimos (f) não mais é necessário para o cálculo da perda de carga, da vazão volumétrica e do diâmetro de uma tubulação circular.

A primeira das equações de Swamee & Jain diz respeito ao cálculo da perda de carga como uma alternativa ao uso da equação de Darcy-Weisbach (Equação 5.2). O limite de validade dessa equação é de $3.000 < Re < 3 \cdot 10^8$.

Equação 5.2 – Equação de Swamee & Jain para o cálculo da perda de carga

$$h_L = 1,07 \cdot \frac{Q^2 \cdot L}{g \cdot D^5} \cdot \left\{ \ln\left[\frac{e}{3,7D} + 4,62 \cdot \left(\frac{\mathcal{V} \cdot D}{Q} \right)^{0,9} \right] \right\}^{-2}$$

Observe que, na Equação 5.2, a perda de carga é função da vazão volumétrica, do comprimento da tubulação, de sua geometria, da rugosidade (e) e da viscosidade cinemática. A segunda expressão é a equação de Swamee & Jain para o cálculo da vazão volumétrica. O limite de validade dessa equação é de $Re > 2.000$.

Equação 5.3 – Equação de Swamme & Jain para o cálculo da vazão volumétrica

$$Q = -0,965 \cdot \left(\frac{g \cdot D^5 \cdot h_L}{L} \right)^{0,5} \cdot \ln\left[\frac{e}{3,7D} + \left(\frac{3,17 \cdot \mathcal{V}^2 \cdot L}{g \cdot D^3 \cdot h_L} \right)^{0,5} \right]$$

Observe novamente que, na Equação 5.3, a vazão volumétrica é função do comprimento da tubulação, de sua geometria, da rugosidade (e), da viscosidade cinemática e da perda de carga.

A terceira e última expressão é a equação de Swamee & Jain para o cálculo do diâmetro de uma tubulação circular. O limite de validade dessa equação é de $5.000 < Re < 3 \cdot 10^8$.

Equação 5.4 – Equação de Swamee & Jain para o cálculo do diâmetro de uma tubulação circular

$$D = 0{,}66 \left[e^{1{,}25} \cdot \left(\frac{L \cdot Q^2}{g \cdot h_L} \right)^{4{,}75} + \mathcal{V} \cdot Q^{9{,}4} \cdot \left(\frac{L}{g \cdot h_L} \right)^{5{,}2} \right]^{0{,}04}$$

Afirmamos que nessas expressões não encontramos o fator de atrito. Como mencionado, isso não significa que um fator associado ao atrito do fluido não seja considerado; ele apenas não é considerado da forma como definimos o fator de atrito (f), pois as correlações matemáticas entre rugosidade, diâmetro, comprimento, vazão volumétrica e viscosidade cinemática garantem um fator que, segundo os autores originais, se aproxima de um cálculo mais eficaz para a perda de carga, a vazão volumétrica e a geometria da tubulação, respectivamente. É importante ressaltar que em todas as equações o termo (e) continua sendo a rugosidade [m] da tubulação, ou seja, refere-se às incrustações nas paredes da tubulação.

5.4
Transferência de calor

Até aqui, definimos os conceitos principais de fluidos em estado líquido, os quais aparecem nas descrições mais importantes de escoamentos laminares e turbulentos. Com base nisso, demonstramos o modo de encontrar um dos principais parâmetros usados no dimensionamento e nos projetos de qualquer sistema que deva considerar um fluido escoando ao longo de uma tubulação fechada. Durante o escoamento, ocorrem dissipações de energia, caracterizadas como perdas de carga.

Os conceitos de conservação da energia, massa e movimento estão presentes ao longo de todos os capítulos anteriores, o que indica pontualmente a importância do estudo desses fenômenos, que de alguma forma estão associados ao transporte de massa do "pacote de informação do fluido" e às diferentes características que o fluido apresenta ao longo de seu escoamento.

Contudo, os fenômenos associados a esses transportes ocorrem não somente na descrição mecânica do escoamento, que considera apenas a massa ou a velocidade de um fluido: é necessário considerar também que as perdas em um sistema também são um fenômeno importante. **Fenômenos de transferência**, seja de calor, seja de algum tipo de energia, também são considerados nos estudos dos fenômenos de transporte.

A transferência de calor é fundamental para todos os ramos da engenharia. Por exemplo, o engenheiro mecânico enfrenta problemas de refrigeração de motores, ventilação, ar condicionado etc., enquanto o engenheiro metalúrgico não pode dispensar a transferência de calor nos problemas relacionados aos processos pirometalúrgicos e hidrometalúrgicos ou no projeto de fornos, regeneradores, conversores etc. Da mesma forma, o engenheiro químico ou nuclear necessita da mesma ciência em estudos sobre evaporação, condensação ou em trabalhos em refinarias e reatores, enquanto o eletricista e o eletrônico a utilizam no cálculo de transformadores, geradores e dissipadores de calor em microeletrônica. Também o engenheiro naval aplica esses conhecimentos à profundidade e à transferência de calor em caldeiras, máquinas térmicas etc. Até mesmo o engenheiro civil e o arquiteto sentem a importância de prever, em seus projetos, um isolamento térmico adequado que garanta o conforto dos ambientes.

Os processos de transferência de calor afetam também a *performance* de sistemas de propulsão (motores a combustão e foguetes). Outros campos que necessitam de uma análise de transferência de calor são os sistemas de aquecimento, incineradores, sistemas de armazenamento de produtos criogênicos, refrigeração de equipamentos eletrônicos, sistemas de refrigeração e ar condicionado e muitos outros.

Assim, vamos dedicar esta parte da obra ao estudo de como a termodinâmica contribui para os processos de transferência de calor, de modo a esclarecermos como esses processos se formalizam dentro do contexto da área de fenômenos de transporte.

Define-se **transferência de calor** como um fluxo de energia que ocorre quando há diferenças de temperatura (ΔT) em [K], sendo esse fluxo caracterizado pela migração de calor do corpo de temperatura mais elevada para o de menor temperatura, até os corpos encontrarem um equilíbrio térmico. Os processos de transferência de calor podem ocorrer de três formas distintas.

A primeira é a **condução**. Quando existe uma agitação das moléculas, geralmente em meios estacionários, existe também um gradiente de temperatura. Esse processo de transferência ocorre por meio de uma rede de ligações moleculares. Como os corpos em contato tendem a alcançar uma temperatura de equilíbrio, ocorrerá um transporte de energia calorífica de um corpo para o outro através do material de que são feitos (Figura 5.2).

Figura 5.2 – Modelo molecular de transferência de calor por condução

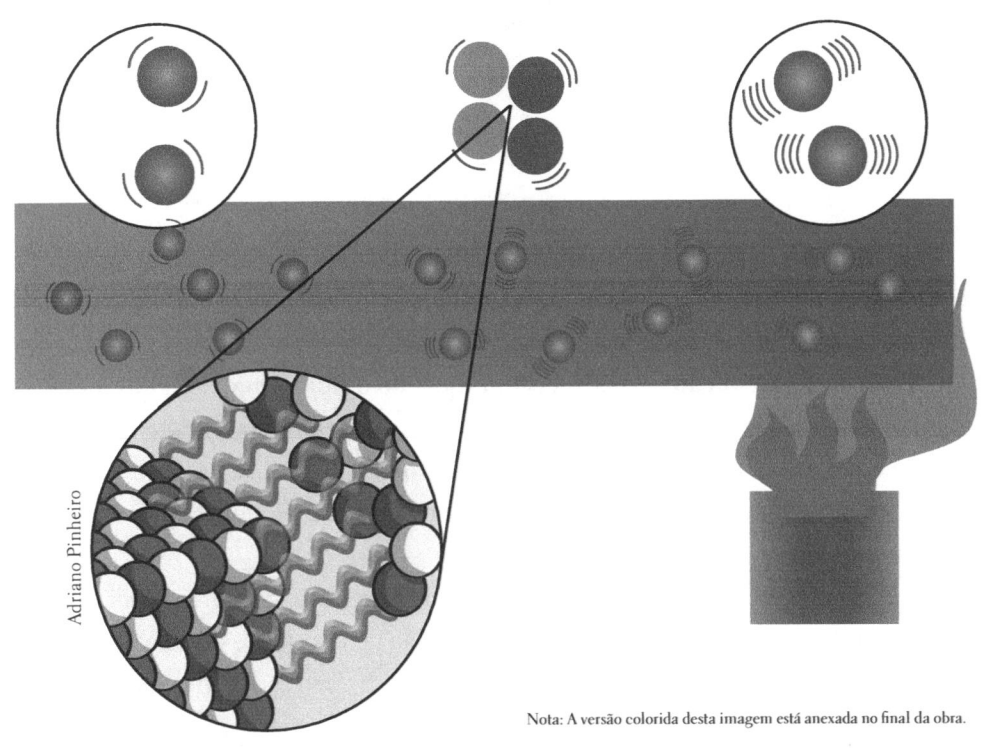

Nota: A versão colorida desta imagem está anexada no final da obra.

Fonte: Adaptado de Potter; Wiggert, 2011, p. 17.

A condução é o meio menos significativo de transferência de calor para a atmosfera como um todo e pode ser omitida na maioria dos fenômenos meteorológicos. A Lei Geral da Condução é também conhecida como **Lei de Fourier**, sendo definida com base em uma proporcionalidade (Scalon, 2017).

O segundo processo é chamado de **convecção**. Trata-se de um fenômeno que está associado ao processo de transferência de calor da condução térmica com o movimento de massa. Por esse motivo, ele ocorre exclusivamente em fluidos (líquidos e gases). A Lei Geral da Convecção é uma expressão empírica – a **Lei de Resfriamento de Newton**. Essa lei pode ser representada pela Figura 5.3, que ilustra um trocador de calor com entrada de ar por

escoamento forcado..

Figura 5.3 – Modelo molecular de transferência de calor por convecção

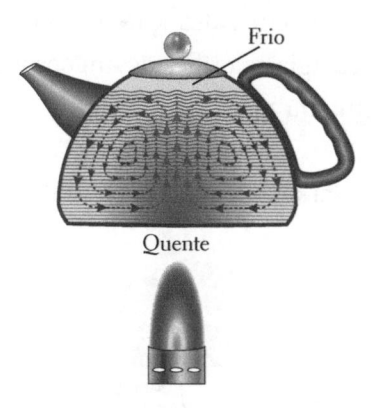

Nota: A versão colorida desta imagem está anexada no final da obra.

A convecção térmica é normalmente subdividida em dois grandes grupos, de acordo com a força motriz do escoamento. Da combinação dos dois tipos de convecção surge também um terceiro tipo (Scalon, 2017).

1. **Convecção forçada ou advecção:** É quando o fluido apresenta um movimento independente do processo de calor, em geral, proveniente de uma fonte externa – como o movimento do ar pelas hélices de um ventilador, de uma turbina eólica ou pelo movimento circular de uma colher em uma xícara de chá.
2. **Convecção natural ou convecção livre:** Nesse caso, a movimentação do fluido é provocada pela própria variação de densidade durante o processo de troca de calor. Exemplos clássicos disso são a brisa marítima e a formação da pluma em torno de um cilindro aquecido.
3. **Convecção mista:** Ocorre quando, para o processo de troca de calor, tanto o escoamento natural como o forçado são importantes. Um exemplo é a pluma do caso anterior, com um escoamento transversal (Figura 5.4).

Figura 5.4 – Modelo molecular de transferência de calor por convecção mista

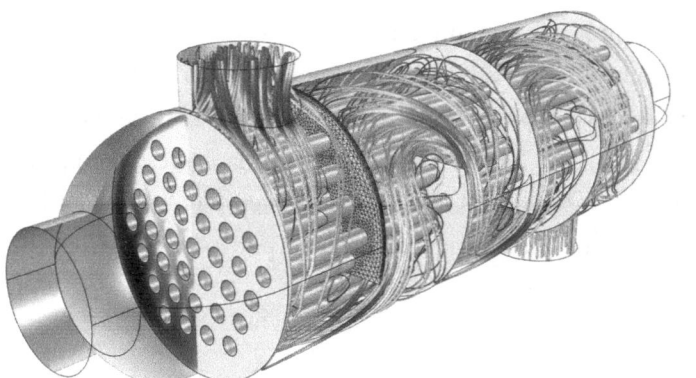

Nota: A versão colorida desta imagem está anexada no final da obra.

A **radiação** é o terceiro tipo de processo de transferência. Ela apresenta uma natureza eletromagnética e, portanto, independe da presença de meio material para o transporte de energia. Corpos que estão a uma temperatura acima de 0 K emitem calor por radiação. A troca líquida de calor somente ocorre nos casos em que os corpos apresentam diferentes temperaturas. Fenômenos que envolvem a transferência de calor por radiação são regidos pela **Lei de Stefan-Bolztmann** (Figura 5.5).

Figura 5.5 – Modelo molecular de transferência de calor por radiação

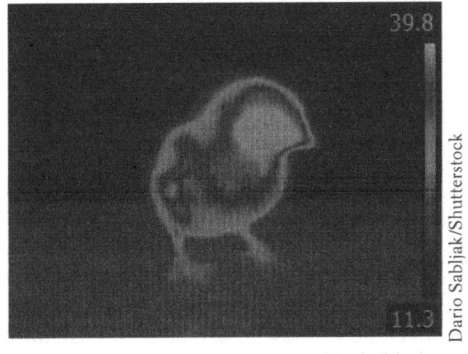

Nota: A versão colorida desta imagem está anexada no final da obra.

É relevante destacar que muitos dos fenômenos com que lidamos no dia a dia admitem o transporte de alguma propriedade física (massa, energia, momento linear) – conforme vimos nos capítulos anteriores –, bem como o transporte de calor, que é uma forma de energia que envolve processos dissipativos durante um escoamento, admitindo, assim, a existência de perdas de energia.

Os processos de condução e convecção apresentam interesse imediato, por serem as formas de transferência de energia mais presentes nas condições industriais e tecnológicas.

5.5
Lei Geral da Condução (Lei de Fourier)

O modelo que relaciona a temperatura com o movimento das partículas, tidas como as responsáveis pelo transporte de energia térmica em um meio material, é conhecido como **Lei de Fourier**. Basicamente, quando as moléculas (ou átomos) recebem calor, passam a apresentar um grau de vibração maior do que no estado anterior. Essa energia cinética é transferida progressivamente de uma partícula para outra, e esse fenômeno caracteriza o processo de transferência de calor.

Esse modelo é baseado em experiências com uma barra de metal, com comprimento definido e com áreas de seções diferentes. Ao se aquecer uma das extremidades da barra metálica, observa-se uma diferença de temperatura ao longo de seu comprimento. Assim, chegamos a uma expressão que estabelece a correlação entre uma quantidade de calor que atravessa o material, a área de secção transversal, a diferença de temperatura e a espessura do material.

Equação 5.5 – Lei Geral da Condução para a quantidade de calor transferida em um material

$$q_x = -k \cdot A \cdot \frac{dT}{dx}$$

Nessa equação, (q_x) é o fluxo de calor na seção (x), dado em [W], (k) é a condutividade térmica em [W/m · K], (A) é a área em [m²] da secção transversal, medida perpendicularmente com relação à direção de fluxo, e $\left(\frac{dT}{dx}\right)$ é a taxa de variação de temperatura com a distância, sempre na direção (x). O sinal negativo na Equação 5.5 determina a direção do fluxo de calor, orientando que a temperatura, por condução, flui de um ponto de temperatura mais alta (T_0) para um ponto de temperatura mais baixa (T_f), ou seja, adotamos aqui o sinal negativo para determinar que o sistema perde calor – o sinal positivo é usado para um sistema que recebe calor. A Figura 5.6 ilustra como a temperatura se comporta em um corpo.

Figura 5.6 – Fluxo de calor em uma transferência por condução

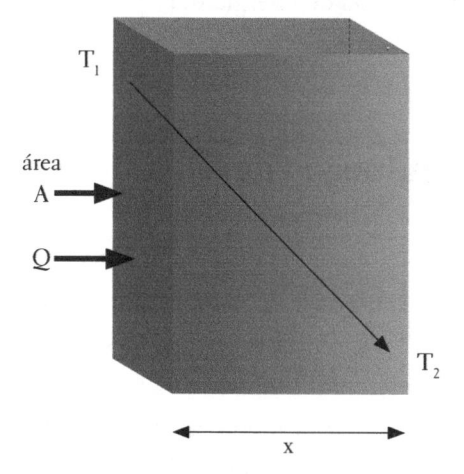

Fonte: Adaptado de Scientific Sentence, 2017.

Nota: A versão colorida desta imagem está anexada no final da obra.

Conforme a Figura 5.6, a temperatura (calor) flui de (T_1) para (T_2), ao longo de (x). Assim, para esse sistema, assumimos a Equação 5.5. Analisando as variáveis da equação de Fourier e considerando que (dx = L) e que (dT) é a variação de temperatura, chegamos à próxima equação.

Equação 5.6 – Equação da Lei de Fourier para a quantidade de calor transferida em um material

$$q_x = k \cdot A \cdot \frac{(T_1 - T_2)}{L}$$

A variável (k) é a condutividade térmica dos materiais, dada em [W/m · K]. Para diferentes tipos de materiais, existem diferentes valores de condutividade térmica, os quais podem ser encontrados em tabelas apropriadas. A quantidade térmica de determinado material corresponde à quantidade de energia térmica presente no processo de transporte de calor no período de 1 s, ao mesmo tempo que o calor atravessa um material com espessura de 1 m – cujo gradiente de temperatura resultante é de 1 K. Destacamos que os coeficientes de condutividade térmica dos materiais são diferenciados, dependendo do estado físico em que se encontram, ou seja, serão diferentes nos estados sólido, líquido ou gasoso. Em geral, é válida a seguinte relação: $k_{sólido} > k_{líquido} > k_{gás}$.

5.6
Transferência de calor em série

Quando há mais de um material, a transferência de energia térmica é tratada por um **modelo em série**, o qual é descrito com base na consideração de que há um fluxo de calor entre diferentes camadas. Diz-se, nesses casos, que há um sistema contínuo no regime de escoamento permanente, conforme a Figura 5.6.

Pela Figura 5.7 é possível observar que existem três camadas, cada qual com uma condutividade térmica correspondente, e também um comprimento (x). Considerando (x) igual a (L), podemos escrever a equação da Lei de Fourier da seguinte forma:

$$T_1 - T_2 = \frac{q_x \cdot L_1}{k_1 \cdot A_1}$$

$$T_2 - T_3 = \frac{q_x \cdot L_2}{k_2 \cdot A_2}$$

$$T_3 - T_4 = \frac{q_x \cdot L_3}{k_3 \cdot A_3}$$

Figura 5.7 – Fluxo de calor em um sistema em série

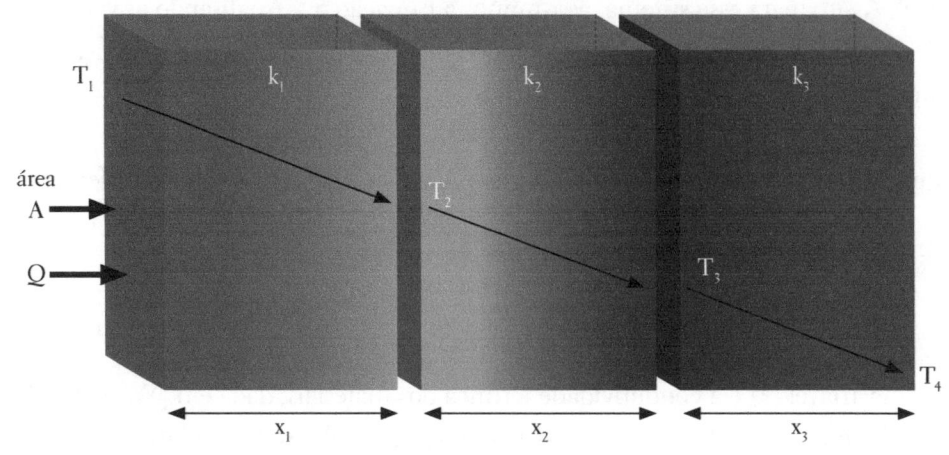

Fonte: Adaptado de Scientific Sentence, 2017. Nota: A versão colorida desta imagem está anexada no final da obra.

Isolando a variável que corresponde à diferença de temperatura, temos:

$$T_1 - T_2 + T_2 - T_3 + T_3 - T_4 = \frac{q_x \cdot L_1}{k_1 \cdot A_1} + \frac{q_x \cdot L_2}{k_2 \cdot A_2} + \frac{q_x \cdot L_3}{k_3 \cdot A_3}$$

Assim, somos levados a identificar mais uma equação.

Equação 5.7 – Equação da Lei de Fourier para a quantidade de calor transferida em um material em série

$$T_1 - T_4 = \frac{q_x \cdot L_1}{k_1 \cdot A_1} + \frac{q_x \cdot L_2}{k_2 \cdot A_2} + \frac{q_x \cdot L_3}{k_3 \cdot A_3}$$

Deixando o fluxo de calor em evidência, podemos reescrever a Equação 5.7 para torná-la uma expressão geral, independentemente da quantidade de materiais associados em série, como segue.

Equação 5.8 – Equação da Lei de Fourier generalizada para mais de um material associado em série

$$T_1 - T_4 = q_x + \sum_{i=1}^{n}\left(\frac{L_i}{k_i \cdot A_i}\right)$$

Em algumas literaturas, o termo $\left(\frac{L}{k \cdot A}\right)$ é reduzido à variável (R), dando a ideia de que a relação $\frac{L}{k \cdot A}$ está associada a uma resistência, tal qual a resistência elétrica – definida na física pela Lei de Ohm. Nesse caso, o inverso da condutividade térmica $\left(\frac{1}{k}\right)$ resulta em uma variável da Lei de Ohm, a **resistividade**, simbolizada pela letra grega (ρ), de tal forma que a relação $\frac{1}{k} = \rho$ corresponde à definição de resistividade elétrica na Lei de Ohm. Portanto: $\rho \frac{L}{A} = R$, em que (R) é a resistência elétrica em ohm, de acordo com a física.

5.7
Transferência de calor em paralelo

O fluxo de calor pode ocorrer também em uma **associação em paralelo**. Considere duas superfícies compostas de diferentes materiais. Ambas podem apresentar a mesma temperatura externamente, porém sua organização em paralelo e os diferentes coeficientes de condutividade térmica resultam em um fluxo de calor que também é diferente internamente. Para esse caso, resolvemos a Equação 5.8 isolando o fluxo de calor, a fim de encontrarmos uma expressão geral para a situação de superfícies associadas em paralelo (Figura 5.8).

Somamos os termos com base na equação da Lei de Fourier generalizada:

$$q_x = q_1 + q_2 = \frac{k_1 \cdot A_1}{L_1} \cdot (T_1 - T_2) + \frac{k_2 \cdot A_2}{L_2} \cdot (T_1 - T_2) \cdots$$

Figura 5.8 – Fluxo de calor em um sistema em paralelo

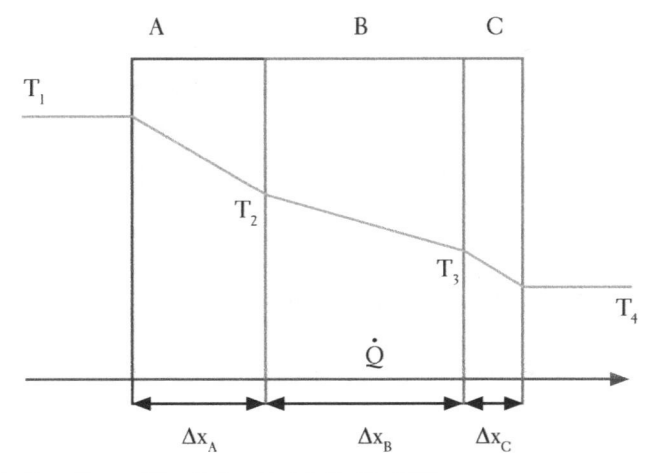

Fonte: Adaptado de Open Course Ware Universidad de Sevilla, 2017.

Equação 5.9 – Equação da Lei de Fourier para mais de um material associado em paralelo

$$q_x = (T_1 - T_2) \cdot \left(\frac{k_1 \cdot A_1}{L_1} + \frac{k_2 \cdot A_2}{L_2} \right)$$

Deixando o fluxo de calor em evidência, podemos reescrever a Equação 5.9 para torná-la uma expressão geral, independentemente da quantidade de materiais associados em paralelo, como segue.

Equação 5.10 – Equação da Lei de Fourier generalizada para mais de um material associado em paralelo

$$q_x = \Delta T_{total} \cdot \sum_{i=1}^{n} \frac{k_i \cdot A_i}{L_i}$$

Em uma configuração em paralelo, embora a transferência de calor seja bidimensional, é razoável adotar condições unidimensionais. Nessas condições, admitimos que as superfícies paralelas à direção (x) são isotérmicas. À medida que a diferença entre as condutividades térmicas das paredes ($k_1 - k_2$) aumenta, os efeitos bidimensionais tornam-se cada vez mais importantes.

5.8
Conceitos teóricos da Lei de Resfriamento de Newton

O calor pode ser transferido pelo processo de convecção, em um dado instante de tempo, quando há um contato entre uma superfície sólida aquecida e um líquido, em função do fato de a temperatura de saturação do líquido ser inferior à temperatura do sólido. De acordo com a **Lei de Resfriamento de Newton**, ocorre uma transferência de calor entre a superfície sólida e a líquida. Além disso, a lei considera a relação para o fluxo de calor por unidade de área ($\dot{q}$), conforme indica a Equação 5.11.

Equação 5.11 – Lei de Resfriamento de Newton

$$\dot{q} = h \cdot (T_s - T_{Sat}) = h \cdot \Delta T_e$$

Nessa equação, ($\dot{q}$) refere-se ao fluxo de calor convectivo por unidade de área dado em [W/m²]; (h) é referente ao coeficiente de transferência por convecção dado em [W/m² · K]; e (ΔT_e) é a variação de temperatura em [K].

5.9
Lei de Stefan-Boltzmann

Conforme os preceitos da física, a **radiação térmica** pode ocorrer no vácuo, sem a necessidade de um meio material para se propagar. Essa capacidade de propagação no vácuo se justifica pelo fato de a radiação térmica se propagar através de ondas eletromagnéticas. Portanto, é possível aproximar o fenômeno da radiação térmica a um fenômeno ondulatório muito semelhante às ondas de rádio. A única divergência são os diferentes comprimentos de onda. Esse conjunto de fenômenos de diferentes comprimentos de ondas, representado simplificadamente na Figura 5.9, é o **espectro eletromagnético**.

Figura 5.9 – Tabela do espectro eletromagnético

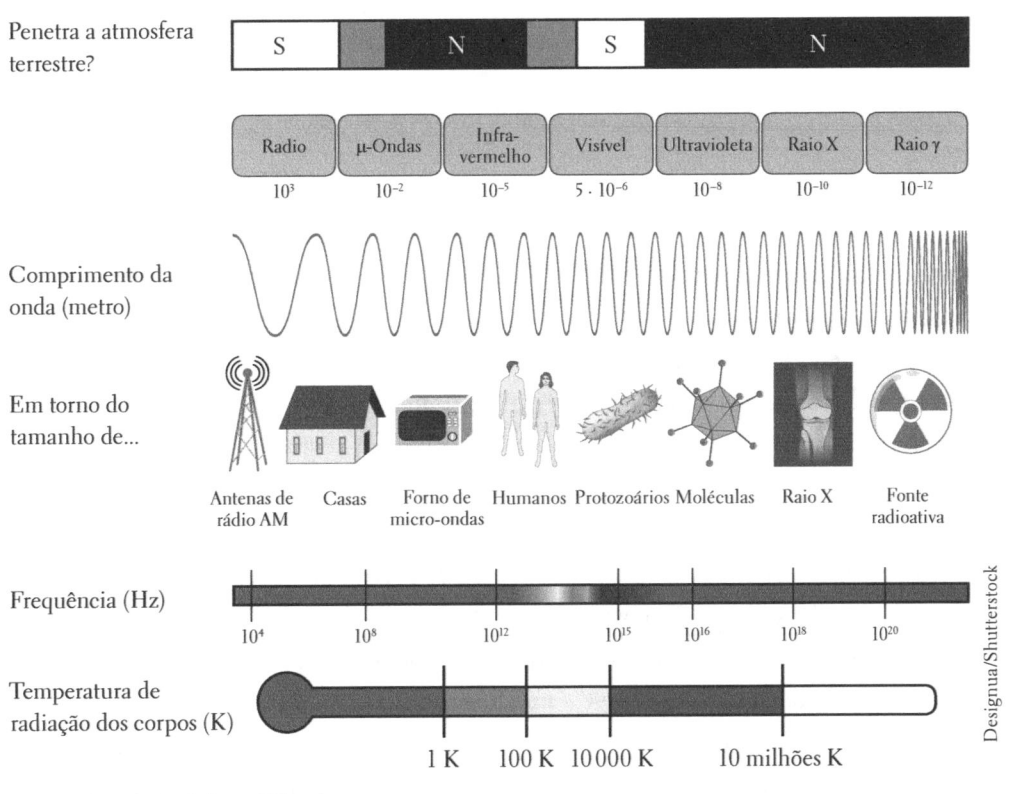

Penetra a atmosfera terrestre?	Rádio	μ-Ondas	Infravermelho	Visível	Ultravioleta	Raio X	Raio γ
	S	N		S		N	
Comprimento da onda (metro)	10^3	10^{-2}	10^{-5}	$5 \cdot 10^{-6}$	10^{-8}	10^{-10}	10^{-12}
Em torno do tamanho de...	Antenas de rádio AM	Casas	Forno de micro-ondas	Humanos	Protozoários	Moléculas	Raio X / Fonte radioativa
Frequência (Hz)	10^4	10^8	10^{12}	10^{15}	10^{16}	10^{18}	10^{20}
Temperatura de radiação dos corpos (K)		1 K	100 K	10 000 K	10 milhões K		

Fonte: Adaptado de Debom, 2017.

Nota: A versão colorida desta imagem está anexada no final da obra.

Uma análise espectroscópica revelou que a intensidade das radiações térmicas varia em função do comprimento de onda. Para determinado valor de comprimento de onda, existe um máximo de emissão de radiação, cuja posição é função da temperatura absoluta do corpo, objeto ou material que está emitindo a radiação (emissor ou radiador).

Gráfico 5.1 – Distribuição de comprimentos de onda

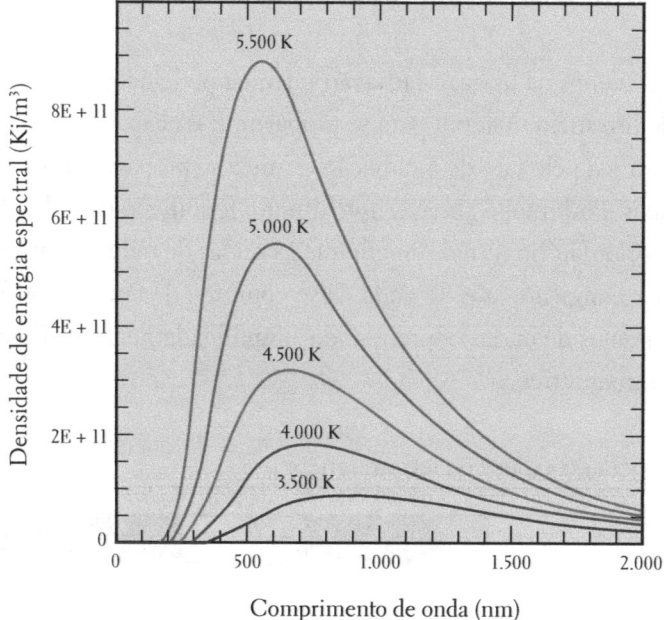

Fonte: Adaptado de Oliveira Filho; Saraiva, 2016.

O Gráfico 5.1 mostra que a intensidade de radiação térmica varia em função da temperatura da superfície emissora. O Sol, com temperatura de superfície na ordem de 6.000 K, emite a maior parte de sua energia abaixo de 3, enquanto um filamento de lâmpada a 1.000 °C emite mais de 90% de sua radiação entre 1 e 10.

Qualquer corpo, objeto ou material com uma temperatura acima do zero absoluto emite radiações térmicas continuamente. A energia radiante total emitida por um corpo pode ser calculada em [Kcal/h] por unidade de área [m^2].

Para que possamos definir uma expressão capaz de calcular o poder de emissão térmica, precisamos, antes, definir os três conceitos usados no entendimento do poder de emissão térmica por radiação:

1. **Corpo Negro**: É definido como um irradiador ideal, pois corresponde a um corpo que emite e absorve a máxima quantidade de radiação térmica a qualquer temperatura, em qualquer comprimento de onda. Esse é um conceito puramente teórico, que estabelece um limite superior de radiação, de acordo com a Segunda Lei da Termodinâmica. É um conceito teórico padrão com o qual as características de radiação dos outros meios são comparadas.
2. **Corpo cinzento**: Quando um corpo emite ou absorve energia, esse comportamento corresponde somente a uma fração da energia realmente emitida ou absorvida pelo corpo negro.

3. **Emissividade (ε):** Corresponde à razão entre o poder de emissão de um corpo real e o poder de emissão de um corpo negro. Estimativas das emissividades das superfícies continentais – com base em dados de satélite em micro-ondas – podem ser utilizadas para a calibração e o desenvolvimento de sensores orbitais, bem como para o monitoramento e a caracterização de parâmetros de superfície, tanto em escala regional quanto em escala continental (Souza, 1999).

$$\varepsilon = \frac{E_c}{E_n}$$

Nesse caso, (E_c) é o poder de emissão de um corpo cinzento e (E_n) é o poder de emissão de um corpo negro.

Corpos definidos como cinzentos admitem uma emissividade (ε) < 1. A maior parte dos materiais utilizados na indústria é considerada corpo. A mesma definição não se aplica aos metais, em virtude de suas características atômicas. Entretanto, para pequenos intervalos de temperatura, as tabelas fornecem valores constantes de emissividade aplicáveis aos metais (Pendry, 1983).

Por volta do ano de 1879, Josef Stefan (1835-1893)[1] descobriu empiricamente que a potência emitida por unidade de área por um corpo negro era proporcional à quarta potência da temperatura absoluta. Esse resultado foi explicado teoricamente, cinco anos mais tarde, por Ludwig Boltzmann (1844-1906)[2]. Boltzmann foi capaz de obter o resultado estabelecido pela denominada **Lei de Stefan-Boltzmann** com base em considerações termodinâmicas, chegando à conclusão de que a quantidade de energia que é emitida de um corpo negro para certa quantidade de área e por certa quantidade de tempo – poder de emissão (E_n) – pode ser dada como proporcional à quarta potência da temperatura absoluta.

$$E_n = \left(\frac{\dot{q}}{A}\right) = \sigma \cdot T^4$$

Nessa fórmula, (E_n) é dada em [W/m²], $\sigma = 4{,}88 \cdot 10^{-8}$ Kcal/h · m² · K⁴ (constante de Stefan-Boltzmann), e (T) é a temperatura absoluta em [K]. No SI, $\sigma = 5{,}6697 \cdot 10^{-8}$ W/m² · K⁴.

Para um corpo ideal (por exemplo, para a superfície de um satélite artificial), a energia total emitida por unidade de área e por unidade de tempo – ou seja, seu poder de emissão (En) – pode ser dada por:

[1] Físico experimental e professor austríaco.
[2] Físico, teórico e professor austríaco.

$$E_n = \left(\frac{\dot{q}}{A}\right) = \varepsilon \cdot \sigma \cdot T^4$$

Consideramos que (E_n) é o poder emissivo em [W/m²], $\sigma = 5{,}7 \cdot 10^{-8}$ W/(m² K⁴) (constante de Stefan-Boltzmann), (T) é a temperatura absoluta do corpo em [K], e (ε) é a emissividade ($0 \leq \varepsilon \leq 1$). No SI, $\sigma = 5{,}6697 \cdot 10^{-8}$ W/m² · K⁴.

Corpos escuros são bons absorvedores e emissores de radiação térmica. Como exemplo, podemos citar a fuligem ($\varepsilon = 0{,}94$). Corpos claros e polidos são maus absorvedores e emissores de radiação térmica. Como exemplo, podemos citar a prata polida ($\varepsilon = 0{,}02$). Resumidamente, as qualidades físicas de um objeto determinam a capacidade de absorver ou refletir radiação (Figura 5.10).

Figura 5.10 – Relação térmica entre diferentes superfícies

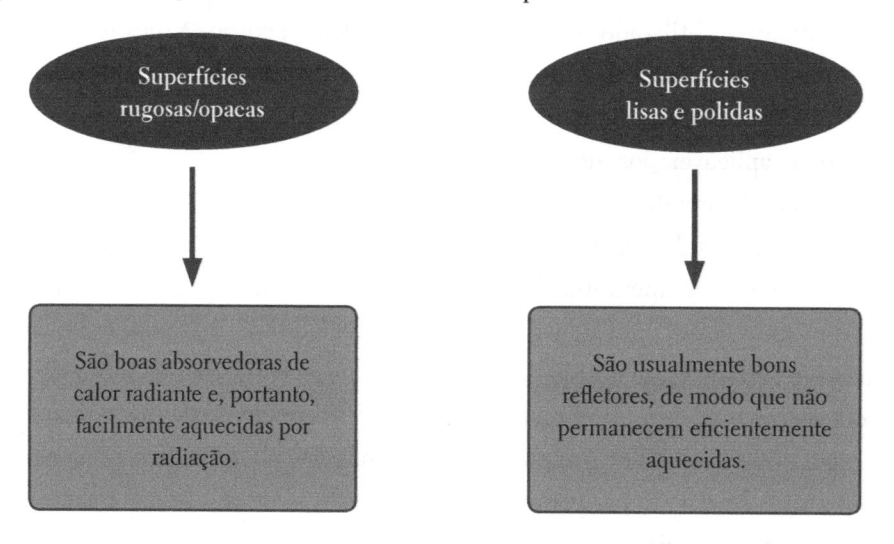

Superfícies rugosas/opacas → São boas absorvedoras de calor radiante e, portanto, facilmente aquecidas por radiação.

Superfícies lisas e polidas → São usualmente bons refletores, de modo que não permanecem eficientemente aquecidas.

Para a troca de calor por radiação entre duas superfícies, uma dentro da outra, separadas por um gás que não interfere na transferência por radiação, a relação de Stefan-Boltzmann será:

$$\left(\frac{\dot{q}}{A}\right) = \varepsilon \cdot \sigma \cdot (T^4_{superfície} - T^4_{vizinhança})$$

Nesse caso, ($T_{superfície}$) é a temperatura absoluta da superfície menor, supostamente mais quente, e ($T_{vizinhança}$) é a temperatura absoluta da superfície maior, supostamente mais fria.

Para essa análise, vale aplicar a **Lei dos Intercâmbios**, que estabelece uma correlação entre a capacidade de emissão de radiação. Para compreender melhor essa ideia, observe a Figura 5.11.

Figura 5.11 – Lei dos Intercâmbios para diferentes emissores

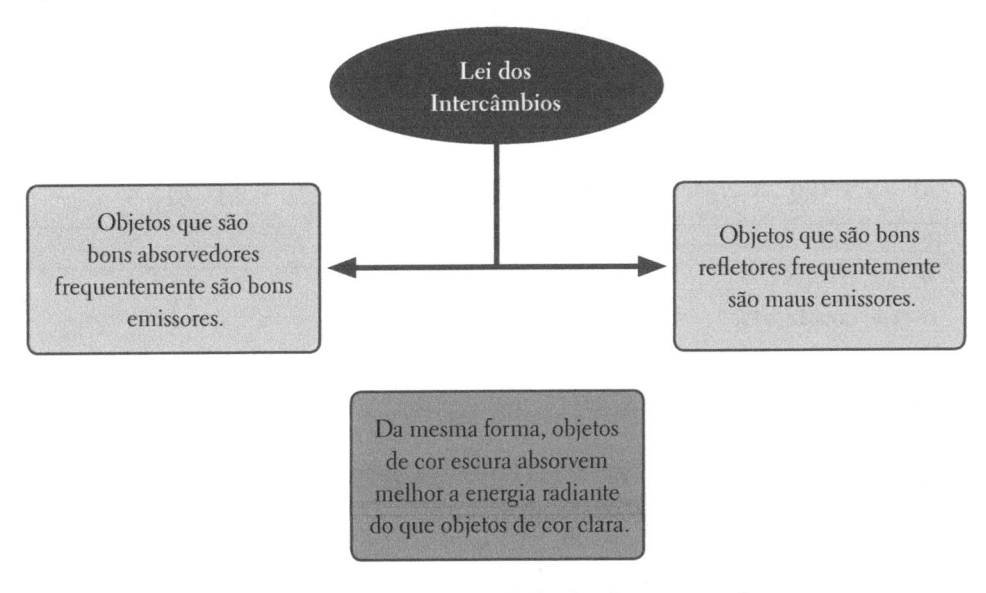

- Lei dos Intercâmbios
- Objetos que são bons absorvedores frequentemente são bons emissores.
- Objetos que são bons refletores frequentemente são maus emissores.
- Da mesma forma, objetos de cor escura absorvem melhor a energia radiante do que objetos de cor clara.

Com o propósito de ampliar a capacidade de observação do comportamento das equações de Swamee & Jain, podemos usar as rotinas descritas a seguir. Essas rotinas foram escritas no *software* MatLab® e podem auxiliar de forma gráfica no entendimento de como as variáveis *vazão, comprimento da tubulação, gravidade, viscosidade* e *rugosidade* podem provocar alterações nos cálculos de perda de carga, vazão e diâmetro de um duto (Gráficos 5.2, 5.3 e 5.4).

5.9.1 Linguagem de programação

Com as inúmeras possibilidades de variações que podem ser aplicadas nessas equações, reservamos uma atenção especial para os dados que mais causam variações nas equações de Swamee & Jain. São eles: comprimento da tubulação (L), coeficiente de rugosidade (e) e diâmetro (D). Com a variação desses parâmetros, podemos observar diferenças nos gráficos. Quando alteramos os respectivos valores, podemos ver explicitamente o comportamento dos resultados, como mostram os Gráficos 5.1, 5.2 e 5.3.

LINGUAGEM DE PROGRAMAÇÃO PARA CÁLCULO DE PERDA DE CARGA

```
function perda_de_carga % (variando a rugosidade em função da perda de carga)
Q = 0.0028; % (valor da vazão em m³ por segundo)
L = 4000; % (valor do comprimento em metros)
g = 9.81; % (valor da gravidade)
d = 0.04; % (valor do diâmetro)
```

```
v = 1e-5; % (valor da viscosidade em metros ao quadrado por segundo)
k = 0.0; % (valor inicial de k)
w = 0.0; % (valor inicial de w)
for I = 1:20 % (quantidade de resultados a serem guardados no vetor)
e = 0.0015 + w;
hl = 1.07*((Q^2*L)/(g*d^5))*[log((e)/(3.7) + 4.62*((v*d)/(Q))^0.9)]^-2;
k = k + 100.0;
w = w + 0.0005;
dv(I)= double(hl);
hv(I)= double(e);
end
plot(dv,hv);
grid on
title('\bf Simulação da Perda de Carga ','FontSize',15)
xlabel('\bf \it Perdas de Cargas [m]')
ylabel('\bf \it Rugosidade [m]')
```

Gráfico 5.2 – Simulação da perda de carga como função da rugosidade da tubulação

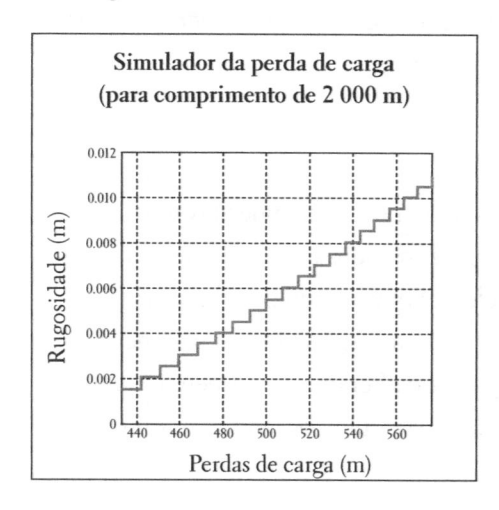

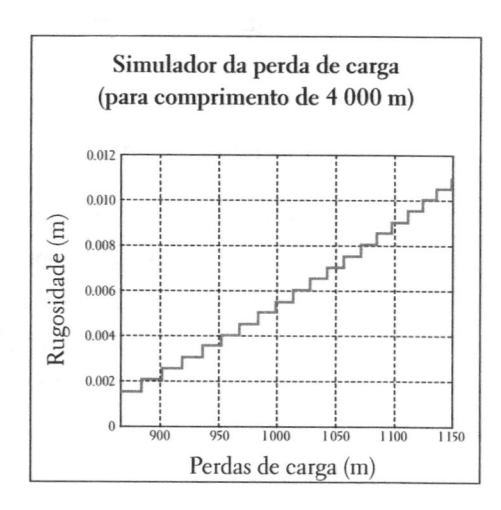

LINGUAGEM DE PROGRAMAÇÃO PARA CÁLCULO DA VAZÃO

```
function vazão % (variando a perda de carga em função da vazão)
g = 9.81; % (valor da gravidade)
hl = 50; % (valor inicial da perda de carga em metros)
d = 0.100; % (valor do diâmetro)
e = 9.2e-4; % (valor da rugosidade em metros)
```

```
v = 1e-5; % (valor da viscosidade em metros ao quadrado por segundo)
L = 2000 % (valor do comprimento em metros)
k = 0.0; % (valor inicial de k)
w = 0.0; % (valor inicial de w)
for I = 1:10
hl = 1 + w;
Q = -0.965*((g*d^5*hl)/L)^0.5 * log((e/3.7) + ((3.17*v^2*L)/(g*d^3*hl))^0.5);
k = k + 40;
w = w + 50;
dv(I)= hl;
hv(I)= Q;
end
plot(dv,hv);
grid on
title('\bf Simulação da Vazão ','FontSize',15)
xlabel('\bf \it Perdas de Cargas [m]')
ylabel('\bf \it Vazão [m3/s]')
```

Gráfico 5.3 – Simulação da vazão como função da perda de carga

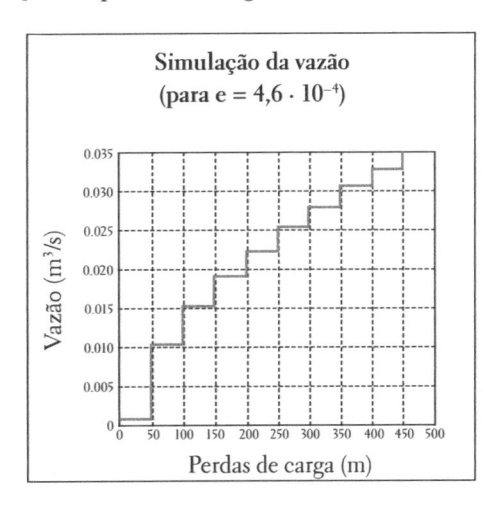

Linguagem de programação para cálculo do diâmetro

```
function Diâmetro % (variando o diâmetro em função da perda de carga)
Q = 0.004; % (valor da vazão em m³ por segundo)
v = 1e-5; % (valor da viscosidade em metros ao quadrado por segundo)
e = 0.0015e-3; % (valor da rugosidade em metros)
g = 9.81; % (valor da gravidade em metros m/s²)
```

```
L = 2000 % (valor do comprimento em metros)
k = 0.0; % (valor inicial de k)
w = 0.0; % (valor inicial de w)
for I = 1:10
hl = 1 + w;
d = 0.66*[(e^1.25)*((L*Q^2)/(g*hl))^4.75 + v*Q^9.4*(((L)/(g*hl))^5.2)]^0.04;
k = k + 0.04;
w = w + 50;
dv(I)= double(hl);
hv(I)= double(d);
end
plot(dv,hv);
grid on
title('\bf Simulação da Variação do Diâmetro ','FontSize',15)
xlabel('\bf \it Perda de Carga [m]')
ylabel('\bf \it Diâmetro [m]')
```

Gráfico 5.4 – Simulação da variação do diâmetro em função da perda de carga

-Síntese

Neste capítulo, apresentamos o diagrama de Moody-Rouse, que é utilizado para determinar o fator de fricção ou de coeficiente de atrito, sendo essa uma variável de proporção usada na equação de Darcy-Weisbach para encontrar a perda de carga em uma tubulação. O mesmo diagrama, combinado com a equação de Darcy-Weisbach, auxilia no estudo da perda de carga resultante de um fluido em movimento em uma tubulação.

É possível definir uma expressão para o fator de atrito por meio da equação de Hagen-Poiseuille – embora essa relação não substitua o uso do diagrama de Moody-Rouse. A relação pode fornecer uma boa aproximação numérica para encontrar o fator de atrito e, em seguida, calcular as perdas de carga em um sistema de escoamento – mas somente nos casos em que a tubulação não apresenta muitas curvas, cotovelos, registros ou válvulas, os quais caracterizam a presença de perdas de carga de forma muito seccionada.

Também demonstramos que é possível calcular o fator de atrito usando-se a equação de Swamee & Jain. Assim, as equações de Swamee & Jain (1976) podem ser utilizadas como uma alternativa ao uso do diagrama de Moody-Rouse, da equação de Darcy-Weisbach e da vazão volumétrica, considerando-se que há um fator de atrito implícito em suas relações matemáticas – o fator de atrito como o definimos (f) não mais é necessário para o cálculo da perda de carga, da vazão volumétrica e do diâmetro de uma tubulação circular.

A transferência de calor é fundamental para todos os ramos da engenharia. Definimos a transferência de calor como um fluxo de energia que ocorre quando há diferenças de temperatura (ΔT) em [K]. Esse fluxo é caracterizado pela migração de calor de um corpo com temperatura mais elevada para um corpo de menor temperatura – até que se alcance o equilíbrio térmico. Os processos de transferência de calor podem ocorrer de três formas distintas: condução, convecção e radiação.

Tendo tudo isso em vista, é válido ressaltar que é possível calcular a massa, a velocidade e a perda de carga quando se trata de fenômenos associados aos transportes de líquidos em tubulações (escoamentos). No entanto, devemos também salientar que esses parâmetros não são os únicos a serem calculados, pois como existem também fenômenos termodinâmicos, deve-se levar em consideração os efeitos dos fenômenos de transferência, seja de quantidade de calor, seja de outra forma de energia.

– Questões para revisão

1. Faça a análise dimensional da variável (h_L) da equação de Swamee & Jain (Equação 5.2) para o cálculo da perda de carga e compare-a às outras dimensões usadas para representar a mesma variável.

2. Faça a análise dimensional de (Q) na Equação 5.3 (equação de Swamee & Jain) para o cálculo da vazão volumétrica.

3. Faça a análise dimensional da Equação 5.3 e mostre que a vazão é dada em [m^3/s].

4. Sobre a definição de *transferência de calor*, é correto afirmar:
   a) É um fluxo de energia que ocorre quando há diferenças de temperatura (ΔT) em [°C], sendo esse fluxo caracterizado pela migração de calor do corpo com temperatura mais elevada para o de menor temperatura, até os corpos encontrarem um equilíbrio térmico.
   b) É um fluxo de energia que ocorre quando há diferenças de temperatura (ΔT) em [°C], sendo esse fluxo caracterizado pela migração de calor do corpo com temperatura menos elevada para o de maior temperatura, até os corpos encontrarem um equilíbrio térmico.
   c) É um fluxo de energia que ocorre quando há diferenças de temperatura (ΔT) em [K], sendo esse fluxo caracterizado pela migração de calor do corpo com temperatura mais baixa para o de menor pressão, até os corpos encontrarem um equilíbrio térmico.
   d) É um fluxo de energia que ocorre quando há diferenças de temperatura (ΔT) em [°C], sendo esse fluxo caracterizado pela migração de calor do corpo com temperatura mais elevada para o de menor temperatura, até os corpos encontrarem um equilíbrio hidrostático.
   e) É um fluxo de energia que ocorre quando há diferenças de temperatura (ΔT) em [K], sendo esse fluxo caracterizado pela migração de calor do corpo com temperatura mais elevada para o de menor temperatura, até os corpos encontrarem um equilíbrio térmico.

5. Quais são as formas de transferência de calor?
   a) Condução, convecção e advecção.
   b) Condução (determinada pela Lei de Fourier), convecção (pela Lei de Aquecimento de Newton) e radiação (pela Lei de Stefan-Boltzmann).
   c) Condução (determinada pela Lei de Fourier), convecção (pela Lei de Resfriamento de Newton), radiação (pela Lei de Stefan-Boltzmann) e advecção (pela Lei do Corpo Negro).
   d) Condução (determinada pela Lei de Fourier), convecção (pela Lei de Resfriamento de Planck) e radiação (pela Lei de Stefan-Boltzmann).
   e) Condução (determinada pela Lei de Resfriamento de Newton), convecção (pela Lei de Stefan-Boltzmann) e radiação (pela Lei de Fourier).

f) Condução (determinada pela Lei de Fourier), convecção (pela Lei de Resfriamento de Newton) e radiação (pela Lei de Stefan-Boltzmann).

6. Uma casa tem uma ampla parede plana externa, com 20 cm de espessura. A temperatura externa é de –5 °C, e o calor flui através da parede a uma taxa de 15 W/m². Qual deveria ser a condutividade térmica efetiva total da parede, se o interior da casa precisa ser mantido a 20 °C (suponha que não haja outros fluxos de calor).

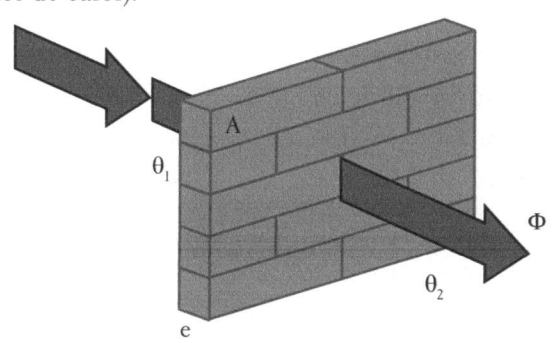

7. Uma casa tem uma janela de vidro única, que mede 0,25 m de espessura, 6,5 m de altura e 6 m de largura. Se a temperatura do lado de dentro da janela for 55 °F e a temperatura de sua superfície externa for de 20 °F, qual será a taxa de transmissão de calor através dela (em unidade BTU/h)? Considere a condutividade térmica do vidro como 0,8 BTU/h · m · °F.

8. Dois diferentes tipos de materiais estão sendo cogitados para o isolamento térmico de um casaco. O material A manteve uma diferença de 20 °C através de 7 mm de espessura para um fluxo de calor de 50 W/m².
   a) Calcule condutividade térmica do material A.
   b) Se o material B tem condutividade térmica de 0,03 W/mK, determine a espessura que seria necessária para manter idêntica a diferença de temperatura para o mesmo fluxo de calor.

9. Um fio de cobre extremamente polido tem uma emissividade de 0,04. Desconsiderando a convecção, determine o fluxo de calor líquido dissipado para o meio a 300 K, por radiação, se o fio for mantido a 800 K.

10. Um satélite dissipa 500 W/m² para o espaço a 0 K. Considerando que a temperatura de superfície do satélite não excede 125 °C, determine a emissividade mínima necessária na superfície.
    a)

11. Uma queda de pressão de 500 kPa não deve ser ultrapassada em um tubo horizontal de ferro forjado de 200 m de comprimento e 10 cm de diâmetro. Calcule a vazão máxima, se o fluido for: (Dado: e = 0,26 mm)
    a) água a 20 °C ($\nu = 1 \cdot 10^{-6}$ m²/s e $\rho = 1000$ kg/m³).
    b) glicerina a 20 °C ($\nu = 1,8 \cdot 10^{-3}$ m²/s e $\rho = 1280$ kg/m³).
    c) óleo SAE-10W a 20 °C ($\nu = 80 \cdot 10^{-6}$ m²/s e $\rho = 917$ kg/m³).
    d) querosene a 20 °C ($\nu = 3,02 \cdot 10^{-6}$ m²/s e $\rho = 820$ kg/m³).

Para saber mais

Para você aprofundar seus estudos sobre o tema do capítulo, sugerimos os seguintes materiais:

ANDRADE, L.; CARVALHO, J. de A. Análise da equação de Swamme & Jain para cálculo do fator de atrito. **Revista Brasileira de Engenharia Agrícola e Ambiental**, Campina Grande, v. 5, n. 3, p. 554-557, set./dez. 2001. Disponível em: <http://www.scielo.br/scielo.php?script=sci_arttext&pid=S1415-43662001000300030>. Acesso em: 19 jun. 2017.

DAVIS, D. **Convection**. 2002. Disponível em: <http://www.ux1.eiu.edu/~cfadd/1150/13Heat/conv.html>. Acesso em: 19 jun. 2017.

LENNTECH. **Boiler Feed Water**. Disponível em: <http://www.lenntech.com/boiler/boiler-feed-water.htm>. Acesso em: 19 jun. 2017.

MAX PLANCK INSTITUT FÜR MATHEMATIK IN DEN NATURWISSENSCHAFTEN. **Rayleigh-Bénard Convection**. Disponível em: <http://www.mis.mpg.de/applan/research/rayleigh.html>. Acesso em: 19 jun. 2017.

PORTAL LABORATÓRIOS VIRTUAIS DE PROCESSOS QUÍMICOS. **Transferência de calor**. Disponível em: <http://labvirtual.eq.uc.pt/siteJoomla/index.php?option=com_content&task=view&id=248&Itemid=422>. Acesso em: 19 jun. 2017.

POTTER, M. C.; WIGGERT, D. C. **Mecânica dos fluidos**. São Paulo: Thompson Learning, 2004. Cap. 7. p. 219-267.

PROPAGAÇÃO de calor por convecção – 1. Disponível em: <http://www2.fc.unesp.br/experimentosdefisica/fte06.htm>. Acesso em: 19 jun. 2017.

SOFISICA. Disponível em: <http://www.sofisica.com.br/> Acesso em: 19 jun. 2017.

WHITE, F. M. **Mecânica dos fluidos**. 6. ed. Porto Alegre: AMGH, 2011.

Curiosidades

TERMODINÂMICA DA FEBRE

A temperatura corporal normal varia de 35,8 a 37,2 °C. Essa faixa estreita de temperatura é essencial para o funcionamento apropriado dos músculos e para o controle das velocidades das reações bioquímicas no organismo.

A temperatura é regulada por uma parte do cérebro chamada de hipotálamo. O hipotálamo age como um termostato da temperatura corporal. Quando a temperatura ultrapassa o limite superior da faixa normal, o hipotálamo aciona mecanismos para baixar a temperatura. Analogamente, ele aciona mecanismos para aumentar a temperatura se a temperatura corporal abaixa muito.

[...]

Quando o hipotálamo percebe que a temperatura corporal aumentou muito, ele aumenta a perda de calor pelo corpo de duas formas principais.

Primeiro, ele eleva o fluxo de sangue próximo à superfície da pele, o que permite um resfriamento por radiação e convecção. A aparência "avermelhada" de uma pessoa é resultado desse fluxo subcutâneo de sangue.

Segundo, o hipotálamo estimula a secreção de suor pelas glândulas sudoríferas, o que aumenta o resfriamento por evaporação. [...]

Como resultado, a água deve ser reposta no corpo durante estes períodos. Se o corpo perde muito fluido através da transpiração, ele não será mais capaz de resfriar-se, e o volume de sangue diminui, o que pode levar à exaustão por calor ou ao mais sério e potencialmente fatal ataque cardíaco [...].

Fonte: Carvalho, 2011.

QUEM FOI LORD KELVIN?

Lord Kelvin (1824-1907), nascido William Thomson, era um físico irlandês muito influente do século XIX, a ponto de ter recebido inúmeras homenagens oficiais na Inglaterra e de ter sido sepultado ao lado de Newton, na Abadia de Westminster. Uma honra que mereceu por mais de 300 trabalhos e importantes contribuições em praticamente todas as áreas da Física.

Kelvin ficou mais conhecido por seu trabalho em Termodinâmica. Antes o cientista Jacques Charles chegara, por seus cálculos e experiências, à conclusão de que todos os gases teriam volume igual a zero à temperatura de -273 graus Celsius. Kelvin percebeu, porém, que não era o volume da matéria que se anulava nessa temperatura e, sim, a energia cinética de suas moléculas. Concluiu que - 273 graus Celsius era a temperatura mais baixa possível e chamou-a de "zero absoluto". A partir dessa noção, propôs uma nova escala de temperaturas, que posteriormente recebeu o nome de escala Kelvin, com valores sempre iguais aos da escala de Celsius, acrescidos de 273. As chamadas temperaturas absolutas. A escala Kelvin permite maior simplicidade nas expressões matemáticas das relações entre grandezas termodinâmicas.

Fonte: Mannarino, 2010.

Para concluir...

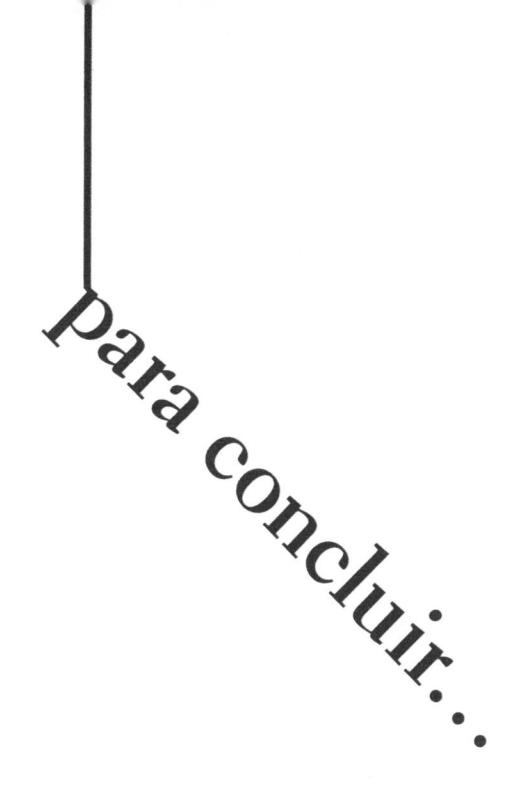

Chegamos ao final de nossa jornada sobre transporte de fluidos. Agora, faremos a revisão dos principais tópicos contemplados, os quais podem ser visualizados no diagrama de blocos a seguir.

Nos capítulos iniciais, identificamos as variáveis e propusemos algumas constantes importantes para os escoamentos. Depois, apresentamos a ideia de um fluido que a princípio estava parado, em regime estático, sendo estudado pela hidrostática. Então, oferecemos uma velocidade a esse fluido e tivemos o início do escoamento com velocidade, pressão e altura definidas.

O fluido iniciava seu escoamento em um ponto fixado como (1) entrada e seguia para um ponto fixado como (2) saída. Usamos algumas expressões que nos auxiliaram no entendimento do comportamento dos regimes de escoamento e de certos parâmetros importantes, que identificam o perfil do fluido em escoamento por um sistema fechado. Estudamos os conceitos de escoamento turbulento, laminar, permanente, não permanente, além dos fluidos compressíveis e incompressíveis.

Na sequência, vimos que um fluido proporciona movimento aos defletores. Destes retiramos o fundamento de que os fluidos possibilitam a aplicação de uma força sobre anteparos, conhecimento importante para as áreas da engenharia civil e da arquitetura. O fluido continuou escoando pela tubulação ficticiamente, até introduzirmos o conceito de *perda de carga*. Esse conceito leva em conta a conservação da energia, muito importante para as áreas da física, da engenharia elétrica e da mecânica. Desse ponto em diante, os conhecimentos de vazão volumétrica se tornaram indispensáveis para o entendimento dos processos de escoamento.

Figura A – Diagrama de blocos dos tópicos mais importantes em fenômenos de transporte

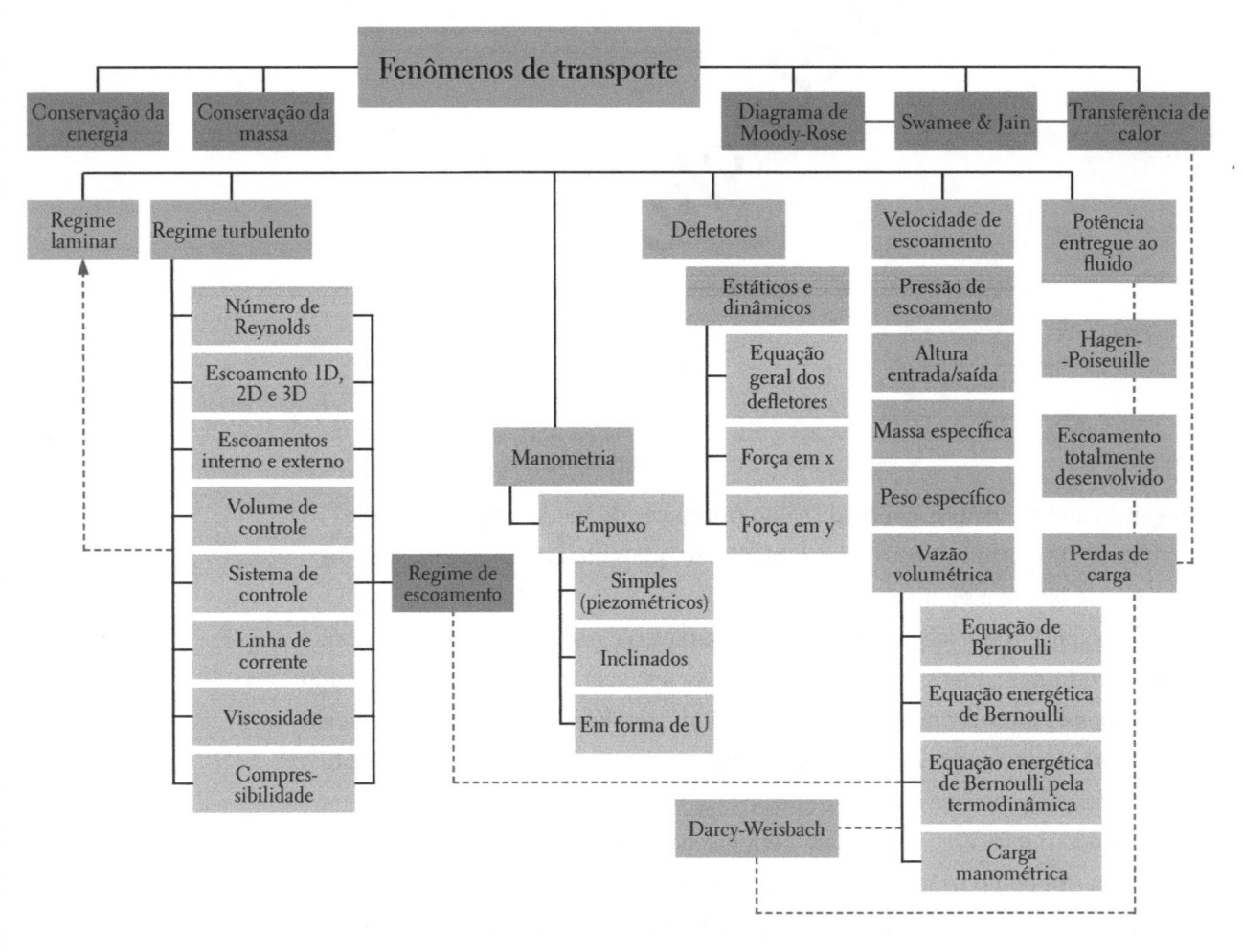

```
                            Fenômenos de transporte
   ┌──────────┬──────────┬─────────────────────┬──────────────┬──────────────┐
Conservação  Conservação           Diagrama de    Swamee & Jain  Transferência
da energia   da massa              Moody-Rose                    de calor

Regime    Regime turbulento              Defletores       Velocidade de    Potência
laminar                                                   escoamento       entregue ao
                                                                           fluido
          Número de                   Estáticos e         Pressão de
          Reynolds                    dinâmicos           escoamento       Hagen-
                                                                           Poiseuille
          Escoamento 1D,              Equação             Altura
          2D e 3D                     geral dos           entrada/saída    Escoamento
                                      defletores                           totalmente
          Escoamentos                                     Massa específica desenvolvido
          interno e externo           Força em x
                       Manometria                         Peso específico
          Volume de                   Força em y
          controle                                        Vazão            Perdas de
                      Empuxo                              volumétrica      carga
          Sistema de     Regime de
          controle       escoamento   Simples                              Equação de
                                      (piezométricos)                      Bernoulli
          Linha de
          corrente                    Inclinados                           Equação energética
                                                                           de Bernoulli
          Viscosidade                 Em forma de U
                                                                           Equação energética
          Compres-                                                         de Bernoulli pela
          sibilidade                                                       termodinâmica

                                                 Darcy-Weisbach            Carga
                                                                           manométrica
```

Com a perda de carga, vimos que os fluidos envolvem efetivamente o conceito de *fenômenos de transporte*, pois adquirem propriedades que implicam energias dissipadas para o meio, e isso afeta diretamente as variáveis físicas consideradas nas equações.

Na sequência, vimos que existem formas alternativas de calcular certas propriedades dos fluidos, o que facilita a obtenção de resultados, uma vez que não é necessária uma coleta *in natura* para estimar o comportamento dos fluidos durante o escoamento. As transferências de calor formalizam o entendimento sobre a capacidade que os fluidos têm de respeitar os conceitos de conservação (usados, inclusive, nos cálculos de ambientes que consideram o conforto térmico ou os dissipadores de calor), seja de massa, seja de energia, conceitos por meio dos quais você, leitor, deve tentar fazer outras correlações, imaginando que o fluido entra pelo cano.

Por fim, para ampliar seu **processo de ensino-aprendizagem**, considere o estabelecimento de novas correlações entre os termos da nuvem de palavras a seguir. Enquanto faz as correlações, escreva, em uma folha à parte, as expressões e um resumo teórico para cada palavra correlacionada. Essa é uma ótima maneira de fixar os conceitos teóricos e matemáticos estudados neste livro.

Esse método está associado a capacidades e habilidades cognitivo-linguísticas, que, por sua vez, estão embasadas em habilidades de leitura, consciência fonológica, processamento auditivo, processamento visual e velocidade de processamento.

Durante o estudo, reescreva todas as equações apresentadas no texto e indique, para cada uma das variáveis presentes na equação, as unidades de medida no Sistema Internacional de Unidades (SI). Essa prática o ajudará a fixar o nome das variáveis, a reconhecer as grandezas físicas, a associá-las à teoria e a interpretar e responder corretamente a famosa indagação: "Qual fórmula eu devo usar?"

Figura B – Nuvem de palavras

referências

BASTOS, F. de A. A. **Problemas de mecânica dos fluidos**. São Paulo: Guanabara Koogan, 1983.

BISTAFA, S. R. **Mecânica dos fluidos**: noções e aplicações. São Paulo: E. Blucher, 2010.

ANDRADE, L.; CARVALHO, J. de A. Análise da equação de Swamme & Jain para cálculo do fator de atrito. **Revista Brasileira de Engenharia Agrícola e Ambiental**, Campina Grande, v. 5, n. 3, p. 554-557, set./dez. 2001. Disponível em: <http://www.scielo.br/scielo.php?script=sci_arttext&pid=S1415-43662001000300030>. Acesso em: 13 jun. 2017.

BRAGA FILHO, W. **Fenômenos de transporte para engenharia**. Rio de Janeiro: LTC, 2006.

BROWN, T. L.; LEMAY, H. E.; BURSTEN, B. E. **Química**: a ciência central. 9. ed. São Paulo: Pearson; 2005.

BRUNETTI, F. **Mecânica dos fluidos**. 2. ed. rev. São Paulo: Pearson Prentice Hall, 2008.

CARVALHO, F. de. **Termodinâmica da febre**. 2011. Disponível em: <http://infinito-e-diverso-els.blogspot.com.br/2011/11/termodinamica-da-febre.html>. Acesso em: 18 set. 2017.

DEBOM, C. R. **A Astronomia e os espectros – uma outra perspectiva da luz**. Disponível em: <http://www.if.ufrgs.br/cref/camiladebom/Aulas/Pages/3.html>. Acesso em: 18 set. 2017.

FOX, R. W.; McDONALD, A. T.; PRITCHARD, P. J. **Introdução à mecânica dos fluidos**. 7. ed. Rio de Janeiro: LTC, 2010.

IPEM-SP – Instituto de Pesos e Medidas do Estado de São Paulo. **Dia Mundial da Metrologia**. Blog Almanaque do Ipem-SP. 20 maio 2014. Disponível em: <https://ipemsp.wordpress.com/tag/convencao-do-metro/>. Acesso em: 13 jun. 2017.

GOMEZ, D. A. **Análise do escoamento compressível de gás natural em espaços anulares com restrições para a elevação de petróleo**. 125f. Dissertação (Mestrado em Ciências) – Universidade Federal do Rio de Janeiro, Rio de Janeiro, 2008.

MANNARINO, R. **Duvidar da ciência pode não ser bom...** 2010. Disponível em: <http://ohomemhorizontal.blogspot.com.br/2010/09/origem-do-universo-vi.html>. Acesso em: 18 set. 2017.

MONTINI, P. L. **A origem dos nomes das unidades de medir**: etimologia. Blog Almanaque do Ipem-SP. 2010. Disponível em: <https://ipemsp.wordpress.com/2010/07/26/a-origem-dos-nomes-das-unidades-de-medir/>. Acesso em: 19 jun. 2017.

MUNSON, B. R.; YOUNG, D. F.; OKIISHI, T. H. **Fundamentos da mecânica dos fluidos**. 4. ed. São Paulo: E. Blucher, 2004.

OLIVEIRA FILHO, K. de S.; SARAIVA, M. de. F. O. **Fotometria**. 2016. Disponível em: <http://astro.if.ufrgs.br/rad/rad/rad.htm>. Acesso em: 18 set. 2017.

OPEN COURSE WARE UNIVERSIDAD DE SEVILLA. **Transmisión de calor a través de paredes de geometría sencilla**. Disponível em: <http://ocwus.us.es/arquitectura-e-ingenieria/operaciones-basicas/contenidos1/tema7/pagina_06.htm>. Acesso em: 18 set. 2017.

PENDRY, J. B. Quantum Limits to the Flow of Information and Entropy. **Journal of Physics A: Mathematical, Nuclear, and General**, v. 16, p. 2161-2171, 1983. Disponível em: <http://www.cmth.ph.ic.ac.uk/photonics/Newphotonics/pdf/QuantumLimits.pdf>. Acesso em: 13 jun. 2017.

POTTER, M. C.; WIGGERT, D. C. **Mecânica dos fluidos**. São Paulo: Thompson Learning, 2004.

RENNÓ, T. **Propriedades do ar**. 2012. Disponível em: <http://professorthiagorenno.blogspot.com.br/2012/01/ar-002-propriedades-do-ar.html>. Acesso em: 18 set. 2017.

ROSHKO, A. **Experiments on the Flow Past a Circular Cylinder at Very High Reynolds Numbers**. Pasadena: California Institute of Technology, 2001.

SCALON, V. L. **Introdução aos processos de troca de calor**. Disponível em: <http://wwwp.feb.unesp.br/scalon/grad/aulastc/aula1.pdf>. Acesso em: 13 jun. 2017.

SCIENTIFIC SCIENCE. **Classical Thermodynamics**. Disponível em: <http://scientificsentence.net/Thermodynamics/index.php?key=yes&Integer=Thermal_Energy>. Acesso em: 15 set. 2017.

SÓ BIOGRAFIAS. **Daniel Bernoulli**. Disponível em: <http://www.dec.ufcg.edu.br/biografias/BernDani.html>. Acesso em: 13 jun. 2017.

SOUSA, J. S. C. de; DANTAS NETO, J. Equação explícita para cálculo do fator de atrito de Darcy-Weisbach em projetos de irrigação pressurizada. **Irriga**, Botucatu, v. 19, n. 1, p. 137-148, jan./mar. 2014. Disponível em: <http://irriga.fca.unesp.br/index.php/irriga/article/view/726>. Acesso em: 13 jun. 2017.

SOUZA, R. A. F. de. **Estimativa de emissividade da superfície continental a partir de dados de satélite em microondas**. 101f. Dissertação (Mestrado em Meteorologia) – Instituto Nacional de Pesquisas Especiais, São José dos Campos, 1999. Disponível em: <http://marte3.sid.inpe.br/col/sid.inpe.br/deise/2000/04.27.16.32/doc/publicacao.pdf>. Acesso em: 13 jun. 2017.

SWAMEE, P. K.; JAIN, A. K. Explicit Equations for Pipe-Flow Problems. **Journal of the Hydraulics Division**, v. 102, n. HY5, p. 657-664, May 1976.

TAGLIAFERRO, F. S. **Apostila de bombas**. [S.d.]. Disponível em: <http://www.dequi.eel.usp.br/~tagliaferro/Apostila_de_Bombas.pdf>. Acesso em: 13 jun. 2017.

TLV. **Golpe de aríete**: causa e localização. Disponível em: <http://www.tlv.com/global/BR/steam-theory/waterhammer-cause-location.html>. Acesso em: 19 jun. 2017.

VERTCHENKO, L.; DICKMAN, A. G.; FERREIRA, J. F. Transferência de fluido por meio de um sifão vs. aplicação da equação de Bernoulli. **Revista Brasileira de Ensino de Física**, v. 31, n. 3, p. 3301.1-3301.7, set. 2009. Disponível em: <http://www.scielo.br/pdf/rbef/v31n3/090109.pdf>. Acesso em: 13 jun. 2017.

WHITE, F. M. **Mecânica dos fluidos**. 6. ed. Porto Alegre: AMGH, 2011.

WOODROW, N. L. **Fenômenos de transporte para engenharia**. 2. ed. São Carlos: Rima Editora, 2006.

YENNE, B. **100 invenções que mudaram a história do mundo**. Rio de Janeiro: Prestígio, 2003.

Capítulo 1

Questões para revisão

1.
   a. 250 kN
   b. 572 GN
   c. 42 nPa
   d. 17,6 μm³
   e. 0,12 mm²
   f. 76 nm³
2.
   a. 125 · 10⁶ N
   b. 32,1 · 10⁻⁶ s
   c. 0,67 · 10⁹ Pa
   d. 0,0056 · 10⁻³ m³
   e. 520 · 10⁻² m²
   f. 7,8 · 10³ m³
3. a
4. c
5. e

6.
   a. Metro [m]
   b. Quilograma [kg]
   c. Segundos [s]
   d. Kelvin [K]
   e. Ampère [A]
   f. Newton [N]
   g. Pascal [Pa]

7.
   a. $\left(\dfrac{m}{s}\right)^2$

   b. O termo $\dfrac{v}{t}$ assume a dimensão de $\left(\dfrac{m}{s}\right)^2$. Assim, para que a força (F) tenha a dimensão de (N), a constante 3,2 deve assumir a dimensão de (kg).

8. Uma tubulação não pode ser completamente lisa porque o tipo de escoamento turbulento implica a existência de perturbações na trajetória dos fluidos, que, por sua vez, inferem uma dinâmica caótica, desorganizada.

9. Escoamento turbulento.

10. A tensão de cisalhamento é uma relação entre duas grandezas; mais especificamente, é a razão entre a força tangencial que atua sobre o fluido e a área do fluido em contato com o sistema (tubulação, duto, cano, mangueira). Assim, podemos defini-la matematicamente como:

$$\tau = \lim_{\Delta A \to 0} \dfrac{\Delta F}{\Delta A}$$

Capítulo 2

Questões para revisão

1. Utilize o número de Reynolds para definir os limites que classificam o tipo de escoamento.

2. Os tipos de escoamento são: laminar, turbulento e de escoamento. Podemos citar como exemplos:
   Escoamento laminar: filete fino de água escorrendo por uma mangueira.
   Escoamento turbulento: cachoeira.
   Escoamento de transição: a fumaça do cigarro.

No último caso, inicia-se um escoamento laminar pela ponta do cigarro, que em seguida apresenta uma fase perturbada em direção ascendente antes de chegar no estágio turbulento, em que a fumaça se desloca de forma totalmente aleatória

3. c
4. d
5. d
6. Releia o capítulo 2 para formular uma resposta adequada.
7.
    a. Bidimensional.
    b. Bidimensional.
    c. Bidimensional.
    d. Bidimensional.
    e. Tridimensional.
    f. Tridimensional.
    g. Bidimensional.
    h. Unidimensional.
8.
    a. Não viscoso.
    b. Não viscoso.
    c. Viscoso.
    d. Não viscoso.
    e. Viscoso.
    f. Viscoso.
    g. Viscoso.
    h. Viscoso.
9. Usando Reynolds, temos que $Re = \dfrac{0,2 \cdot 0,8}{1,4 \cdot 10^{-5}} = 11.400$. O escoamento é turbulento.

10. Usando Reynolds, temos que $Re = \dfrac{4 \cdot 0,06}{1,7 \cdot 10^{-5}} = 14.100$. O escoamento é turbulento.

Capítulo 3

Questões para revisão

1. Os três tipos são: em U, simples e inclinado. Iniciando pelo lado esquerdo, somamos as pressões descendentes e subtraímos as ascendentes.
2. A força de empuxo é a responsável pelo princípio da flutuabilidade. (Argumente um pouco mais sobre este tema.)
3. b
4. d
5. e
6. Solução:

$$p = \frac{m}{V} R \cdot T$$

$$m = \frac{p \cdot V}{R \cdot T} = \frac{4,2 \cdot 10^3 \cdot 4}{286,9 \cdot 303,15} = 193,25 \text{ kg}$$

7. Solução:

    a.
    - Nunca se esqueça de converter todas as grandezas para as unidades do Sistema Internacional (SI).
    - Utilize, nesse caso, a equação de Stevin-Pascal, na forma efetiva.
    No entanto, como há dois estágios ou líquidos, use a pressão efetiva para cada substância da seguinte maneira:

    $$P_{efet.} = \rho \cdot g \cdot \Delta h + \rho \cdot g \cdot \Delta h$$

    Feito isso, encontre a massa específica da substância:

    $$SG = \frac{\rho_{sub}}{\rho_{fluido}} \Rightarrow \rho_{sub} = SG \cdot \rho_{fluido}$$

    $\rho_{Hg} = 13,6 \cdot 1.000 = 13.600 \text{ kg/m}^3$
    $\rho_{H_2O} = 1 \cdot 1.000 = 1.000 \text{ kg/m}^3$

    Em seguida, substitua os valores na equação da hidrostática:
    $P_{efet.} = 1.000 \cdot 9,81 \cdot 0,2 + 13.600 \cdot 9,81 \cdot 0,02$
    $P_{efet.} = 4,63 \text{ KPa}$

b.
$\rho_T = 15{,}63 \cdot 1.000 = 15.630 \text{ kg/m}^3$

Por fim, substitua os valores na equação da hidrostática:

$P_{efet.} = 1.000 \cdot 9{,}81 \cdot 0{,}052 + 15.630 \cdot 9{,}81 \cdot 0{,}026$

$P_{efet.} = 4{,}496 \text{ KPa}$

8. Solução:

   $h = 20 \text{ m}$
   $p_{N.M.} = 101{,}23 \text{ KPa}$
   $T = 15 \degree C$

   Solução:

   Como o enunciado menciona, para calcular a mudança de pressão, você deve calcular duas pressões, sendo uma delas de 20 m e a outra ao nível do mar, ou seja, h = 0 m.

   $p = p_{atm} \cdot e^{\frac{g}{R \cdot T} \cdot (h_0 - h)}$

   $p_{h_0} = 101{,}23 \cdot 10^3 \cdot e^{\frac{9{,}81}{286{,}9 \cdot 288} \cdot (20 - 0)}$

   $p_{h_0} = 101{,}47 \text{ KPa}$

   $p_{h_{20}} = 101{,}23 \cdot 10^3 \cdot e^{\frac{9{,}81}{286{,}9 \cdot 288} \cdot (02 - 0)}$

   $p_{h_{20}} = 100{,}991 \text{ KPa}$

9. Solução:

   $\gamma_{óleo} = 8.000 \text{ N/m}^3$
   $\gamma_{água} = 10.000 \text{ N/m}^3$
   $h_{óleo} = 0{,}1 \text{ m}$
   $h_{água} = 0{,}2 \text{ m}$
   $A = 10 \text{ m}^2$
   $L = 0{,}6 \text{ m}$
   $\theta = 30\degree$

   Solução:

   $p + \gamma_{óleo} \cdot h_{óleo} + \gamma_{água} \cdot h_{água} - \gamma_{água} \cdot L \cdot \sin\theta = 0$
   $p = -\gamma_{óleo} \cdot h_{óleo} - \gamma_{água} \cdot h_{água} + \gamma_{água} \cdot L \cdot \sin\theta$

   Substitua os dados:

   $p = -8.000 \cdot 0{,}1 - 10.000 \cdot 0{,}2 + 10.000 \cdot 0{,}6 \cdot \sin 30$
   $p = 200 \text{ Pa}$

Para encontrar a força, aplique a equação:

$F = p \cdot A$

$F = 200 \cdot 10$

$F = 2.000\ N$

10. Solução:

    Dados:

    $m_{barco} = 8.000\ kg$

    $\rho_{água} = 10.00\ kg/m^3$

    $V_{barco} = 3,0\ m^3$

    Sabemos que, para o equilíbrio, a força de empuxo deve ser igual ao peso do corpo:

    $$\vec{F}_E = P$$

    Ou seja:

    $\rho \cdot g \cdot V_{barco} = m \cdot g \Rightarrow \rho \cdot V_{barco} = m$

    Logo:

    $\rho \cdot (V_{barco} + V_{boias}) = m$

    Substituindo os valores, temos:

    $1.000 \cdot (3 + V_{boias}) = 8.000$

    $V_{boias} = 5,0\ m^3$

    Esse é o volume que as boias devem ter para que o barco possa ser elevado do fundo do lago.

Capítulo 4

Questões para revisão

1. Faça a análise dimensional usando as unidades do Sistema Internacional (SI).
2. Faça a análise dimensional usando as unidades do Sistema Internacional (SI).
3. Faça a análise dimensional usando as unidades do Sistema Internacional (SI).
4. a
5. d
6. Dados:

    $d = 8\ cm$

    $\vec{v}_{méd.} = 70\ m/s$

    $p = 200\ KPa$

    $T = 20°C$

Como falamos de vazão em massa, devemos aplicar a equação de vazão mássica:

$\dot{m} = \rho \cdot A \cdot \vec{v}$ (1)

Devemos aplicar também a equação dos gases ideais:

$\rho = \dfrac{P}{R \cdot T}$ (2)

Substituindo a (2) na (1), temos:

$\dot{m} = \dfrac{P}{R \cdot T} \cdot A \cdot \vec{v}$

Substituindo os dados, temos:

$\dot{m} = \dfrac{200.000}{286,9 \cdot 293} \cdot \left(\dfrac{\pi \cdot 00,8^2}{4} \right) \cdot 70$

$\dot{m} = 0,837$ kg/s

7.

$\rho = \dfrac{P}{R \cdot T} = 1,02$ kg/m³

$\dot{m} = \rho \cdot \vec{v} \cdot A = 204$ kg/s

$\sum \vec{F} = \dot{m}(\vec{v}_2 - \vec{v}_1) = 61,2 \cdot 10^3$ N

$\sum \vec{F} = \vec{F}_{empuxo} + (-\vec{F}_{estática}) = 83,7$ kN

8. Dados:
   $P_1 = 1,24$ bar $\rightarrow 124,182$ kPa
   $P_2 = 4,14$ bar $\rightarrow 414,943$ kPa
   $Q = 0,019$ m³/s
   $D_1 = 0,089$ m
   $D_2 = 0,025$ m

   Conhecendo a vazão, encontramos as velocidades de entrada e saída, bem como a vazão mássica:

   $Q = \vec{v} \cdot A$

$$\vec{v}_1 = \frac{Q}{A_1} = \frac{0,019}{\pi \cdot \frac{0,089^2}{4}} = 3,054 \text{ m/s}$$

$$\vec{v}_2 = \frac{Q}{A_2} = \frac{0,019}{\pi \cdot \frac{0,025^2}{4}} = 38,71 \text{ m/s}$$

$$\dot{m} = \rho \cdot \vec{v} \cdot A$$

$$\dot{m} = 1.000 \cdot 3,054 \cdot \pi \cdot \frac{0,089^2}{4} = 19,0 \text{ kg/s}$$

Como estamos trabalhando com uma bomba, adotamos o $\dot{w}_e$ como positivo e sem variação de altura:

$$\frac{\dot{W}_{eixo}}{\dot{m} \cdot g} = \frac{\vec{v}_2^2}{2g} + \frac{p_2}{\gamma} - \frac{\vec{v}_1^2}{2g} - \frac{p_1}{\gamma}$$

$$\dot{W}_{eixo} = \left(\frac{38,71^2}{2 \cdot 9,81} + \frac{414.943}{1.000 \cdot 9,81} - \frac{3,054^2}{2 \cdot 9,81} - \frac{124.182}{1.000 \cdot 9,81} \right) 19,0 \cdot 9,81$$

$$\dot{W}_{eixo} = 19,67 \text{ kW}$$

Capítulo 5

Questões para revisão

1. Faça a análise dimensional usando as unidades do Sistema Internacional (SI).
2. Faça a análise dimensional usando as unidades do Sistema Internacional (SI).
3. Faça a análise dimensional usando as unidades do Sistema Internacional (SI).
4. e
5. f
6. Solução:

$$q_x = -k \frac{T_1 - T_2}{L} A$$

$$-k = \frac{q_x}{A} \frac{L}{T_1 - T_2} = 15 \frac{0,2}{268,15 - 293,15} = 0,12 \frac{W}{m} \cdot K$$

7. Solução:
$$q_x = -k\frac{T_{ext} - T_{int}}{L} A = -0,8 \cdot \frac{(20-55)}{0,25} \cdot 39 = 4.368 \text{ BTU/h}$$

8. Solução:

   a. $q_x = -k \cdot A \frac{dt}{dx}$

   $$\frac{q_x}{A} = -k \cdot \frac{dt}{dx}$$

   $$50 = -k \cdot \frac{20}{0,007}$$

   $$k = \frac{0,35}{20} = 0,0175 \frac{W}{m \cdot K}$$

   b. $q_x = -k \cdot A \frac{dt}{dx}$

   $$\frac{q_x}{A} = -k \cdot \frac{dt}{dx}$$

   $$50 = 0,03 \cdot \frac{20 + 273,15}{dx}$$

   $$dx = 17,59 \text{ cm}$$

9. Solução:
$$q_{rad} = \varepsilon \cdot \sigma \cdot (T_{sup}^4 - T_{meio}^4) = 0,04 \cdot 5,6697 \cdot 10^{-8} \cdot (800^4 - 300^4) = 911 \text{ W/m}^2$$

10. Solução:
$$q_{rad} = \varepsilon \cdot \sigma \cdot (T_{sup}^4 - T_{meio}^4)$$

$$\varepsilon = \frac{q_{rad}}{\sigma(T_{sup}^4 - T_{meio}^4)} = \frac{500}{5,6697 \cdot 10^{-8} \cdot (398,15^4)} = 0,350$$

11. Solução:

a. $h_l = \dfrac{\Delta p + \Delta h}{\gamma} \; h_l = \dfrac{\Delta p}{\gamma} \; h_l = \dfrac{500 \cdot 10^3}{1.000 \cdot 9,81} = 50,97 \text{ m}$

$Q = -0,965 \cdot \left(\dfrac{g \cdot D^5 \cdot h_L}{L}\right)^{0,5} \cdot \ln\left[\dfrac{e}{3,7\,D} + \left(\dfrac{3,17 \cdot \mathcal{V}^2 \cdot L}{g \cdot D^3 \cdot h_L}\right)^{0,5}\right] = 0,035 \text{ m}^3/\text{s}$

b. $h_l = \dfrac{\Delta p + \Delta h}{\gamma} \; h_l = \dfrac{\Delta p}{\gamma} \; h_l = \dfrac{500 \cdot 10^3}{1.280 \cdot 9,81} = 39,82 \text{ m}$

$Q = -0,965 \cdot \left(\dfrac{g \cdot D^5 \cdot h_L}{L}\right)^{0,5} \cdot \ln\left[\dfrac{e}{3,7\,D} + \left(\dfrac{3,17 \cdot \mathcal{V}^2 \cdot L}{g \cdot D^3 \cdot h_L}\right)^{0,5}\right] = 0,031 \text{ m}^3/\text{s}$

c. $h_l = \dfrac{\Delta p + \Delta h}{\gamma} \; h_l = \dfrac{\Delta p}{\gamma} \; h_l = \dfrac{500 \cdot 10^3}{917 \cdot 9,81} = 55,58 \text{ m}$

$Q = -0,965 \cdot \left(\dfrac{g \cdot D^5 \cdot h_L}{L}\right)^{0,5} \cdot \ln\left[\dfrac{e}{3,7\,D} + \left(\dfrac{3,17 \cdot \mathcal{V}^2 \cdot L}{g \cdot D^3 \cdot h_L}\right)^{0,5}\right] = 0,029 \text{ m}^3/\text{s}$

d. $h_l = \dfrac{\Delta p + \Delta h}{\gamma} \; h_l = \dfrac{\Delta p}{\gamma} \; h_l = \dfrac{500 \cdot 10^3}{820 \cdot 9,81} = 62,2 \text{ m}$

$Q = -0,965 \cdot \left(\dfrac{g \cdot D^5 \cdot h_L}{L}\right)^{0,5} \cdot \ln\left[\dfrac{e}{3,7\,D} + \left(\dfrac{3,17 \cdot \mathcal{V}^2 \cdot L}{g \cdot D^3 \cdot h_L}\right)^{0,5}\right] = 0,038 \text{ m}^3/\text{s}$

Sobre o autor

O professor e pesquisador **Armando Heilmann** é bacharel e licenciado em Física pela Universidade Federal do Paraná (UFPR); mestre em Ciências Atmosféricas pelo Instituto de Astronomia, Geofísica e Ciências Atmosféricas (IAG) da Universidade de São Paulo (USP); doutor em Ciências Geodésicas pela UFPR, com ênfase em Dinâmica Orbital; e pós-doutor em Ciências Exatas e da Terra pelo Instituto Tecnológico Simepar, com ênfase em Eletricidade Atmosférica e Processos Eletrostáticos/Eletromagnéticos de Descargas Atmosféricas.

Atualmente, é professor de Física Teórica e Experimental na UFPR, onde desenvolve suas atividades de pesquisa, ensino e extensão. Além disso, atua como colaborador em pesquisas nos laboratórios de Geodésia Espacial e Hidrografia (Lage/UFPR) e de Sistemas de Propagação de Sinais (DEL/UFPR). Também participa de projetos do grupo de estudos e monitoramento de descargas atmosféricas do Simepar/PR e do projeto *Transient Luminous Event and Thunderstorm High Energy Emission Collaborative Network* (LEONA).

anexo

Figura 1.1 – Ar fluindo por um túnel de vento (simulação em computador).

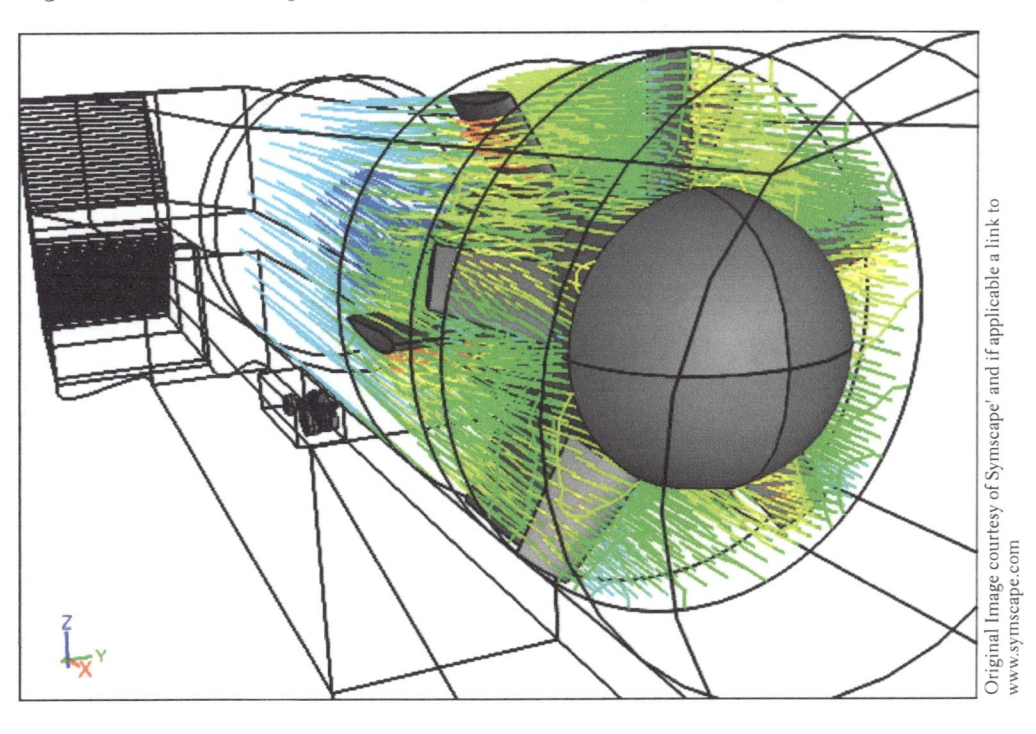

Figura 2.8 – Volume de controle e sistema de controle, em um instante de tempo (t)

Compressor   Turbina   Exaustor

Sistema e volume de controle idênticos
no instante de tempo (t) (pontilhados)

Fouad A. Saad/Shutterstock

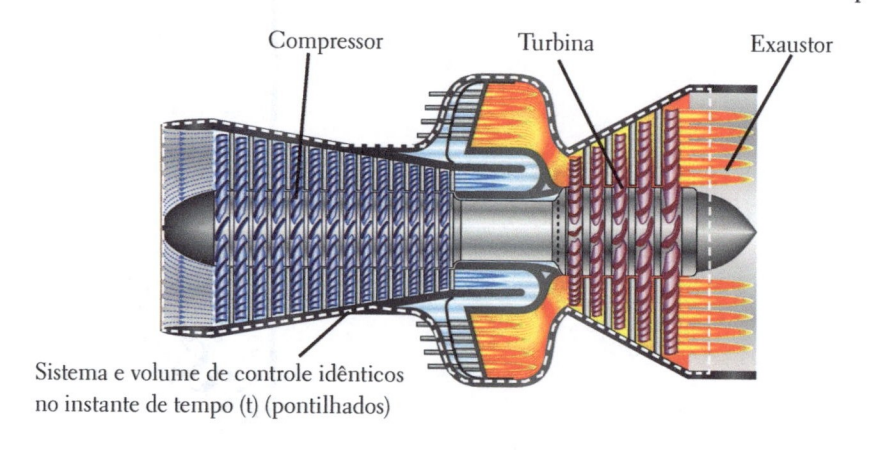

Figura 4.4 – Exemplo de um defletor em regiões urbanas

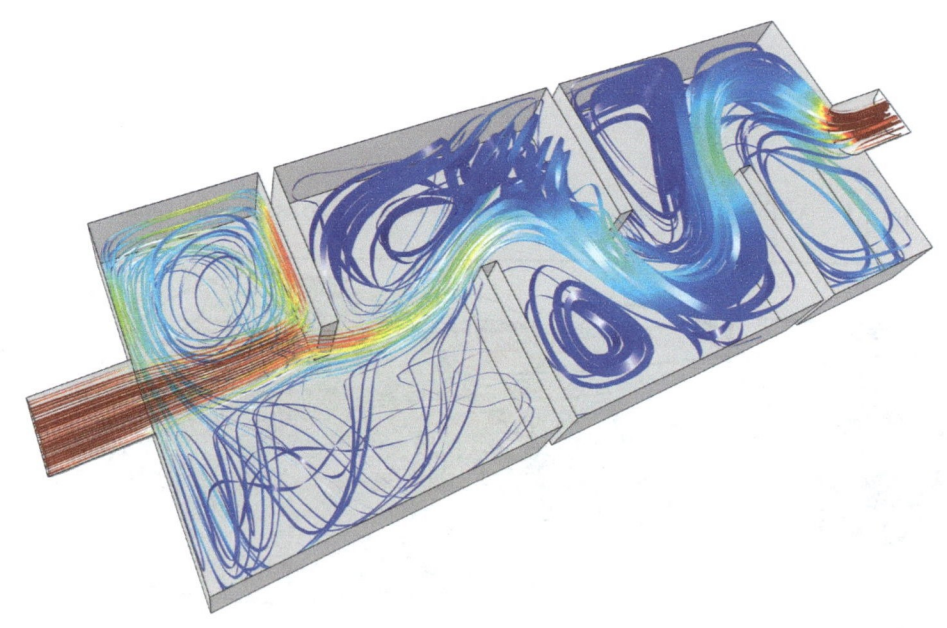

Image made using the COMSOL Multiphysics®
software and is provided courtesy of COMSOL.

Figura 5.2 – Modelo molecular de transferência de calor por condução

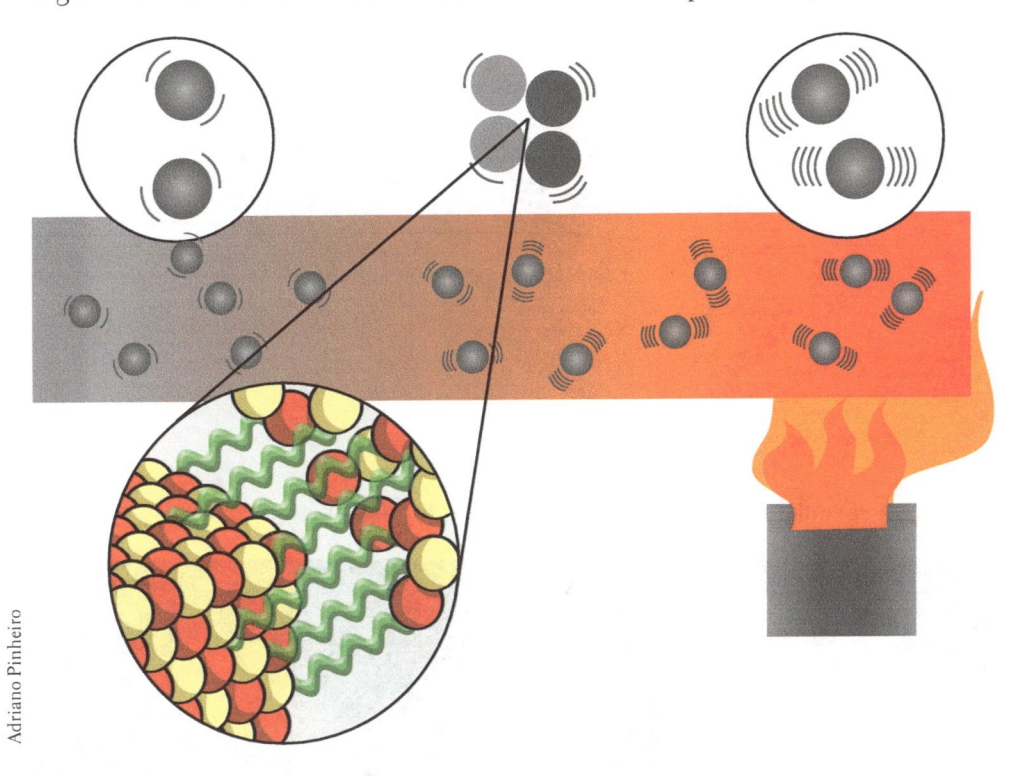

Fonte: Adaptado de Potter; Wiggert, 2011.

Figura 5.3 – Modelo molecular de transferência de calor por convecção

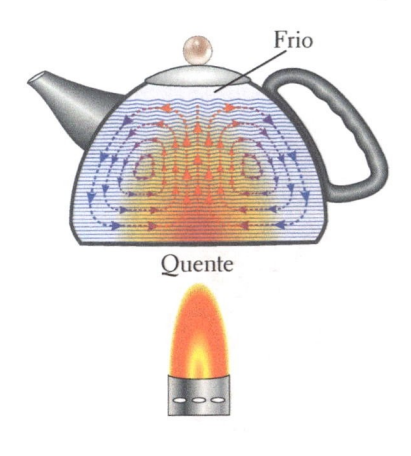

Figura 5.4 – Modelo molecular de transferência de calor por convecção mista

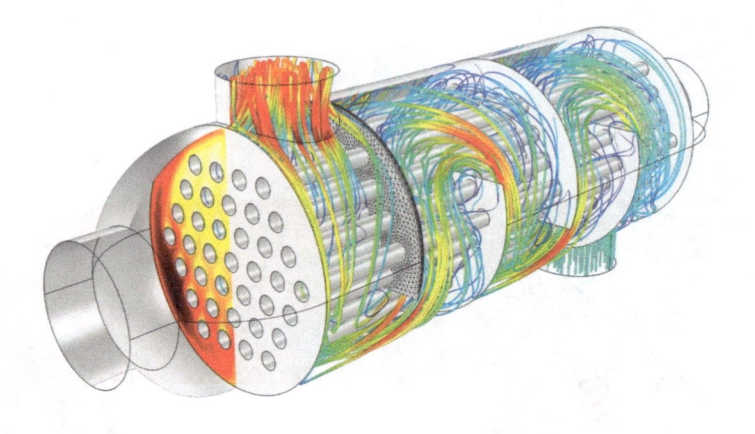

Figura 5.5 – Modelo molecular de transferência de calor por radiação

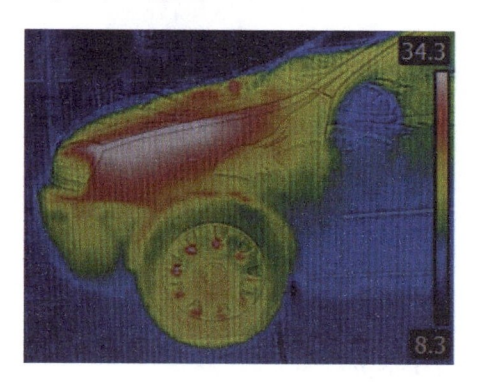

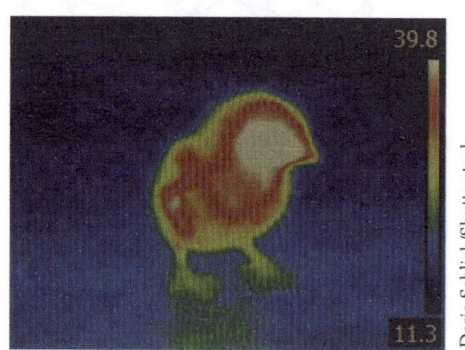

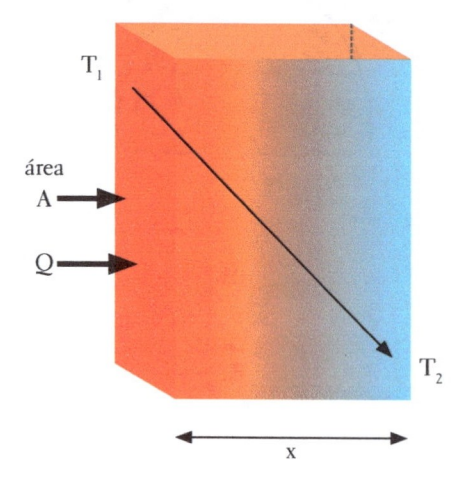

Figura 5.6 – Fluxo de calor em uma transferência por condução

Figura 5.7 – Fluxo de calor em um sistema em série

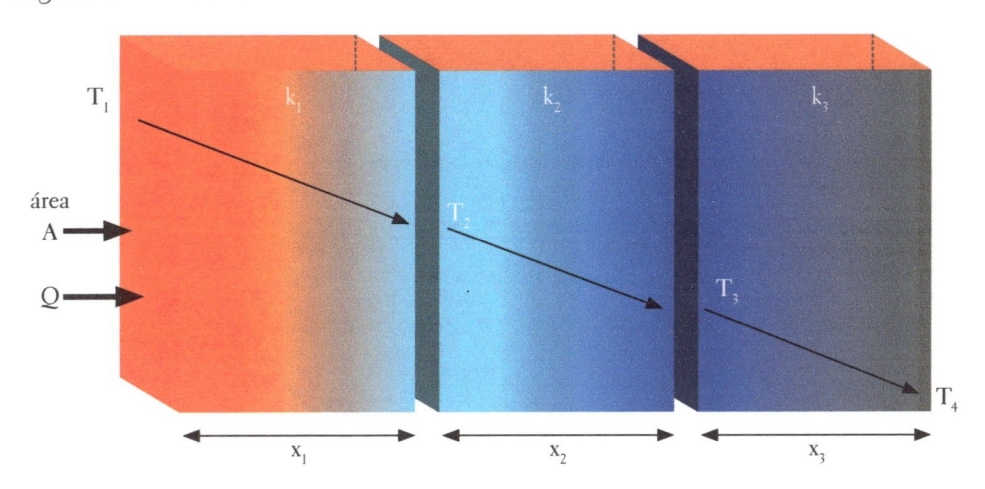

Figura 5.9 – Tabela do espectro eletromagnético

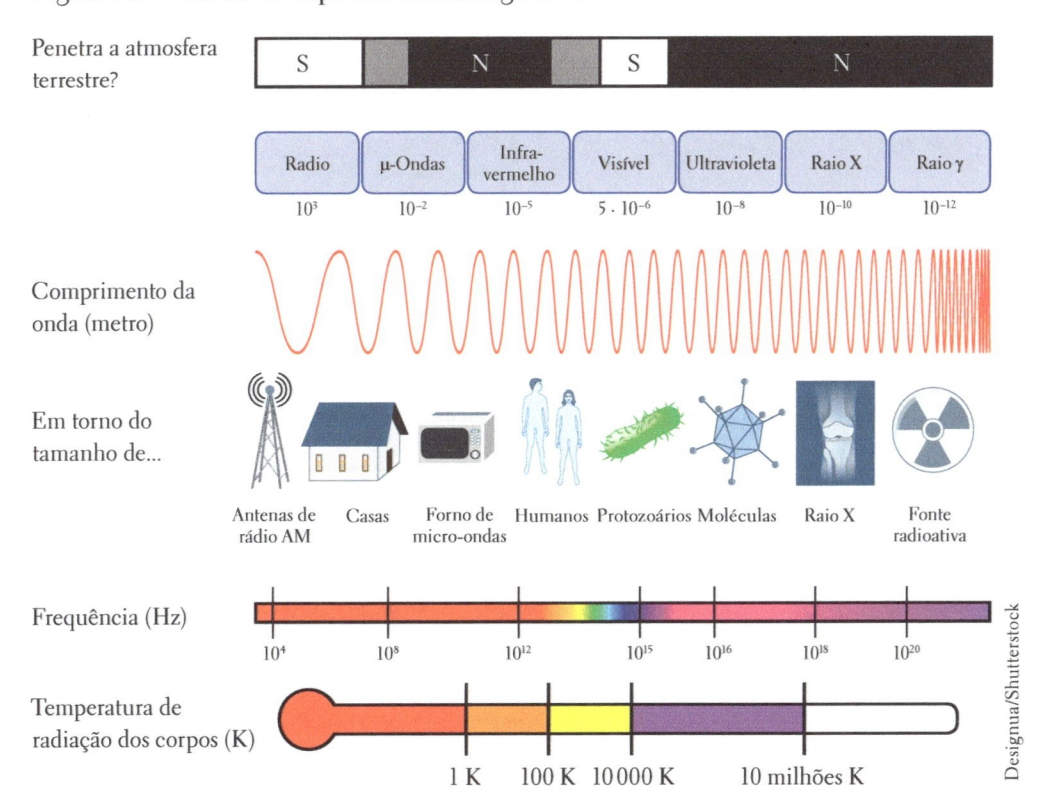

Impressão:
Setembro/2017